光尘
LUXOPUS

赢在未来

[英] 朱迪·库克（Jodie Cook）
[英] 丹尼尔·普里斯特利（Daniel Priestley）◎著　邢蓝月◎译

国际文化出版公司

· 北京 ·

图书在版编目（CIP）数据

赢在未来 ／（英）朱迪·库克，（英）丹尼尔·普里斯特利著；邢蓝月译. ——北京：国际文化出版公司，2022.9
ISBN 978-7-5125-1421-8

Ⅰ．①赢… Ⅱ．①丹… ②朱… ③邢… Ⅲ．①儿童教育—家庭教育 Ⅳ．①G782

中国版本图书馆CIP数据核字(2022)第115555号

北京市版权局著作权合同登记号 图字01-2022-2481号

赢在未来

作　　者	[英] 朱迪·库克　[英] 丹尼尔·普里斯特利	
译　　者	邢蓝月	
责任编辑	于慧晶	
出版发行	国际文化出版公司	
经　　销	国文润华文化传媒（北京）有限责任公司	
印　　刷	文畅阁印刷有限公司	
开　　本	880毫米×1230毫米　8.25印张	32开　150千字
版　　次	2022年9月第1版　2022年9月第1次印刷	
书　　号	ISBN 978-7-5125-1421-8	
定　　价	52.00元	

国际文化出版公司
北京朝阳区东土城路乙9号　　　　　　邮编：100013
总编室：（010）64270995　　　　　传真：（010）64270995
销售热线：（010）64271187
传真：（010）64271187-800
E-mail：icpc@95777.sina.net

目录
CONTENTS

01 / 赢在未来的心态

02 / 赢在未来的技巧

03 / 赢在未来的机会

04 / 赢在未来的指导

序言

● 朱迪

　　这要从 2012 年说起。那天，我来到伦敦梅费尔区一间豪华办公室，和其他 11 位企业家围坐在一张长会议桌前。我们这些成功的企业家年龄都在 22 ～ 31 岁，涉足的商业领域各不相同。在座的每个人当初的创业基金都不到 1000 英镑，也正是因为如此，我们才会被邀请到这里来担任一个政府初创企业项目的大使。这个项目的贷款数额很小，而我们这些人的故事恰恰可以证明无论资金有多少，都可以成功创办并做大一家企业。

　　会议由企业家、商业投资真人秀节目《龙穴》的前评委詹姆斯·卡安主持，按照圆桌座位顺序，每一位企业家都受邀讲述自己的故事，包括创业历程、公司规模、客户服务以及员工招聘等。轮到我的时候，我告诉在场的人，我的社交媒体公司运营刚满一年，并且最近才雇用了两名团队初始成员。当时，我是所有人中公司规模最小的，其他好几个人的公司已经做得非常大了。

　　听完所有人的分享，詹姆斯·卡安十分惊叹，他问道："出于好奇，我想知道你们 12 位中有多少人的父母也是自己创业的呢？"我举起了手。我的母亲从事个体经营已经长达 15 年，在我还上学的时候，她就已经从公司离职转而自己做营销顾问了。

本以为在场会有一两个人和我有类似的经历，可是环顾一圈之后，我大吃一惊，12 个人中竟然有 11 个人都举起了手。

我们彼此对视，对这个情形心生敬畏。这时，我意识到人的成功与金钱无关——毕竟当初我们每个人的创业基金才不到 1000 英镑——而一定与一些其他更重要的因素有关。

这次经历促使我开始探究企业家成功的因素。我创业一年之后发现，我的同学没有自己创业的，他们大多选择继续深造或者在大公司里谋得高职。我不知道那是不是他们想要的未来，也许连他们自己也不知道什么才是他们想要的未来。

我遇到过很多人，他们从不认为自己能够创业、升职，或实现远大理想，在他们看来，成功或朝着梦想前进这种事与自己毫无关联。他们低估了自己的能力，逃离了自己真正想做的事情，放弃了成功的机会。这种想法令人费解。

在这方面的研究让我了解到，榜样是个人相信自己可以成为企业家的首要影响因素。有创业榜样的孩子们认为自己也可以创业成功，没有创业榜样的孩子们则认为自己不适合创业。虽然现在我认识到还有很多其他的影响因素，但是当时的研究表明，创业榜样是核心因素。

我的丈夫也参与了这项研究，我们最初以故事书的形式为孩子们打造创业榜样。我们对书籍出版和销售一无所知，但每到一个阶段，信念都会激励我们："能有多难？"能写书吗？当然！能找到插画家、编辑和印刷厂吗？小意思！能在书店和亚马逊上销售吗？能让英国的每一所学校都使用这本书吗？没问题！

我们想打造能让人们产生共鸣的榜样，让那些父母不是创业者的孩子们读到这些榜样时能受到鼓舞并决意效仿。我们想培养孩子们创业所需的行为和心态，启发读者把创业视为他们未来的一个可行选择。于是《聪明的泰克斯》出版了，它以故事的形式娓娓道来，而不是一本冷冰冰的创业指南；采用的是人物言传身教的模式，而不是传统的说教模式。

这套书在读者中大受欢迎。它包含 4 本故事书、1 本教师指南和一些配套的活动素材，共计售出 10 万套。显然，我们的研究很有意义。在父母的定期反馈中，一些父母说阅读这套书就像是打开了孩子思维的"触动开关"。他们看到了孩子从被困难打败到视困难为有趣挑战之间的转变。曾经总感觉无所事事的孩子们，如今却想要尝试很多想法。

这些事例中的榜样对孩子们的行为产生了重大影响，使他们在积极性、创造力、智谋和适应力等方面切实发生了变化，而这些都是企业家应当具备的重要品质。

这套《聪明的泰克斯》故事书销量惊人。我们不断收到 6～9 岁孩子的父母和教育工作者的反馈，他们发现读了这套书后，孩子的行为发生了积极的转变。这让我相信，我们还需要继续研究下去。

2018 年，我为一篇关于培养创业型孩子的文章进行调研时，提出了两个问题：

- 你如何培养孩子的创业精神？
- 小时候父母如何培养你的创业精神？

我同时也在"全民帮助记者"（HARO）上提交了这两个问题，想获得更多的回复。结果有 500 多人在上面分享了自己的经历。我用了几个星期时间通读这些回复，分析其中的奥秘。

这些回复非常精彩，投稿者来自世界各地，背景各异。每一条回复都蕴含着详细的见解、感人的叙述和独特的视角。回复者无一例外地对他们人生中的榜样——无论是父母还是其他人——表达了强烈的感激之情。更重要的是，这些分享包含了许多可行的建议，我阅读这些分享时的心情就像作家一边写作一边迸发出灵感："对，就该那样！""对，就该这样！"

其中一些人的故事和我自己的经历有相似之处，这让我回想起成长过程中那种强烈的独立意识。母亲总是鼓励我自力更生，我 4 岁时就开始自己打包旅行的行李，7 岁时就能够自己预约医生了。也许，我潜移默化地就被培养成了创业者。也许，奥秘就在我的经历里。

那一刻，我突然意识到我的收件箱里存满了关于创业教育的最深入、最多样、最真实的全新素材。邮箱中这 500 多份回复不仅回答了来自世界各地的企业家是如何被培养长大的，也给我们提供了可以培养未来企业家的方法。这简直太棒了！

这篇博客文章收到了超乎寻常的大量回复。这些回复不仅标志着一场运动即将开始，也意味着这一领域的研究将迎来重大突破。我应当把这些回复内容印刷、出版，使其得以传阅，我知道我该找个人一起来做这件事。当时我在斯德哥尔摩给丹尼尔打了个电话，我刚开口问道："如何培养有创业精神的孩子？"他即刻说道："我加入！需要我做什么？"

丹尼尔是合作出版这本书的完美人选。他的"创业加速器"①已经与3000多家企业合作，他还出过4本关于创业经历的书，他亲自抚养着3个孩子，并且能够从父母的角度出发、有意识地思考他的言行对孩子们产生的影响。

我相信，把我的研究和来自企业家、父母、老师的见解结合起来，一定能够创作出一本可以广泛宣扬教育理念的书。这是我从2012年开始就心心念念的想法。回顾自己的经历，我清楚地知道这将对孩子的未来发展大有裨益。我对父母一直心存感激，是他们给了我信心，让我敢于自己做决定、设定目标并赢得挑战。

我坚信，如果想要树立远大理想，让未来的企业家和领袖具备上述特质，我们就很有必要来分享这些培养企业家的方法。我们无法选择自己的出身，但可以通过教育来创造公平的竞争环境，使人们的未来不受过去的羁绊。希望你会喜欢这本书。

---

① 一种新型的创业模式，为创业者在创业初期提供资金、教育引导、咨询服务等，加速企业发展。——编者注

内容简介

- 丹尼尔

有些孩子长大后注定会成功。他们有见解、有本领、善于把握时机,对生活满心期待——整装待发,相信自己能够解决任何难题。

这些孩子很幸运,他们的父母或监护人能够正确地处理提供帮助和独面挑战、鼓励尝试和约束管教、学习知识和体验生活之间的关系。这些孩子的父母既扮演导师又充当教练,一边帮助孩子们认识这个世界,一边教他们学习成人世界的法则。

成功的企业家在童年时期便接触到创业的相关理念。创业者需要具备创造力、同理心、沟通技能、解决问题的能力,掌握应用数学,善于把握时机,自信又有行动力。

父母在孩子成长过程中要注重培养他们的创业意识和相关技能,即便日后他们不去创业,也会受益终身,这些技能可以使他们更好地把握机会。

养育孩子长大成人曾经是一件很简单的事情。他们只需掌握礼仪,学习阅读、写作和算数,懂得面试的着装,知道正视别人的眼睛说话，学会礼貌地握手。曾经，人们学会这些就足够了，就可以找到稳定的工作，不必背井离乡，可以早早地结婚、按期还贷，也完全不必忧心行业的快速变化。

基本上，过去只要你能够让你的孩子"登上梯子"，他们就能够自己一步一步爬上去。在互联网时代以前，孩子们在固定的环境中成长，几乎不会接触到这个环境以外的事情，直到自己长大成人才知道其他人的生活是什么样的。孩子们只了解自己的家人和朋友，对其他阶层、其他地方人们的生活一无所知。曾经，成功的标准很简单。如果你能取得好成绩、找到好工作、结婚生子、按揭买房、生活平静，你就是成功的。在这样的轨迹里，你和朋友们保持着密切的联系，你所比较的人也只是你社交圈子里的那一百来个而已。

如今，想要培养出将来一定会成功，并且懂得享受成功喜悦的孩子不是易事。人们每隔几年可能就需要换份工作，行业发展瞬息万变，大城市里机会云集，小城市却机会寥寥。然而，在大城市里，家庭住宅的价格高达平均年薪的 15～20 倍。在孩子们未来的工作环境里，他们将与世界各地的人打交道，他们会遇到棘手的难题，他们可能会被他人取代，也可能会被他人孤立。在这样复杂的环境里，他们必须学会机智地面对人生中那些不断出现的困难。生活不再简单，成功也越来越难。

现在的孩子们对名流、富豪的生活越来越了解，他们很可能会认为人人都可以拥有私人飞机、法拉利和遍布各地的房产，可是他们不知道这些人是如何积累财富的，也不明白这样的富人屈指可数。孩子们可能会拿自己与远在地球另一边的某个最有才华、最漂亮、最幸运的同龄人做比较。如果他们不懂得如何认识这个世界、如何设定和追求真正有意义的目标，他们将会感到愤愤不平、无能为力，甚至是沮丧绝望。

对父母来说，现今这个多变的世界是对生活的巨大的挑战。那么，如何帮助孩子从容应对这个不断变化的世界呢？如何帮助孩子坦然面对这个充满不同观念、文化、机遇和前景的大熔炉？

有一点是可以确定的，学校里教的东西不足以让孩子应对这些问题。学校只教一些传统课程，如英语、数学、艺术、地理、历史、科学、音乐以及其他应该在学校里学到的内容。

我承认，有些老师是具备创业素质的，但大多数老师根本从未创过业，更别提创业成功了。大多数老师读完大学就直接进入教育体系。学校虽然也随时代变化，但却是为数不多的变化最缓慢的机构之一，今天的学校与20年前的学校相比几乎没有太多不同。

目前，学校并不教学生谈判、销售、市场营销、金融、投标、产品创新或战略合作这些技能，如果学校开设这些课程，有个问题就会随之出现：这些可以让我们在工作中如鱼得水的技能并不适用于校园生活。

在商界，能让别人心甘情愿地为你工作是你的能力，能牵着别人鼻子走是你的本事。你需要善于创新、敢于挑战权威、勇于质疑现状，不能一味地服从。

然而，在学校里，这种行为并不被认可。所以，作为家长，你需要认真地教授孩子这些学校里学不到的技能，即创业技能。学习这些不是为了让他们立即去经营公司、雇用员工、演讲融资，现在的孩子们压力已经很大了。

学习这些是为了让孩子们了解创业思维，让孩子们以企业家的独特视角看待工作、金钱、投资、收入以及机遇。这样，他们长大以后才能够更好地融入社会。

本书将通过几百个父母的事例来告诉我们该怎么做。很多做法其实很简单，例如把工作描述成有意思的事，让孩子自己网上购物，嘉奖他们取得显著成绩而非完成家务，让大一点的孩子通过幻灯片来说服你给他买宠物，等等。这些方法不仅有趣、有创业精神、珍贵，而且简单、有效。

本书从 4 个关键方面展示培养创业型孩子的方法：

▶ 心态

通过书中这些父母分享的方法，你可以为孩子打造积极、自信的心态，使他们充满智慧，同时为孩子们建立一套与之相适应的价值体系，使其能够在未来更好地掌控生活和事业。创业精神的一个典型特质是自由：你可以自由地决定如何利用时间，也可以自由地决定与谁共度时光。书中的这部分将帮助你教会孩子：一切皆有可能，一切皆可掌控。

给孩子们灌输与创业精神相符的信念和价值观并不仅仅是为了让他们创业经商，更是让他们学会抓住机会创造价值、突破现状、理智合作、独立谋生。父母应该让孩子们认识到，工作是一件趣事而不是消磨时光的无奈之选，在工作中他们可以发挥创造力，获得丰厚的回报。

▶ 技巧

在培养了良好的创业心态之后，本书将通过一些父母和监护人的事例告诉你如何培养孩子的创业技能，让孩子们成长为成功的企业家。其中包括提出好点子、了解某一产业运作、开发系统、设定并完成目标，以及销售、投标、组织、合作等。你并不需要一个公司或商业创意来练习上述技能，父母可以利用日常互动中的很多机会去培养孩子这些技能。

无论孩子们将来从事什么工作，销售、投标、市场营销、产品创新、会计、客户服务、交易制定、谈判以及领导力等技能都对他们至关重要，所以父母应当为孩子创造机会，培养这些技能。要培养创业型的孩子，就不能单纯地提升他们的学术能力以获得高分，而是要培养那些适应各行各业需求的技能。

▶ 机会

我们通过尝试、犯错、弥补这一系列步骤在实践中学习技能。书中这一部分将告诉你如何利用职业、网络和人脉让孩子在实践中学会像企业家一样行事。你不必有身居高位的朋友，也不必投入大量的金钱，只要懂得如何利用身边的资源，你就可以为孩子创造宝贵的学习机会。

在这一部分，你将看到一些父母和监护人为孩子提供机会展示新技能、赚钱、把握时机、创新的事例。当孩子在真实的创业情景互动中受到巨大挫折时，你要学会如何保护他们，而不是把他们与真实世界隔离。

▶ 指导

任何阶段的企业家都可以从教练或导师的指导中受益。指导的前提是，如果去探索便可以找到已存在的答案。指导者不需要直接向孩子展示答案，而是引导他们通过随机应变的想法和行为找到答案，以培养孩子的独立品格、自立能力和批判性思维，使其能够选择自己的未来、做出最好的决定。本书将通过以身作则、提出问题、激励支持、创造情景几个方面来教会我们如何成为可靠的指导者。

你可以鼓励孩子去认识一些自己创造工作机会而非被动接受工作的企业家——可以是搞发明的人，可以是做生意的人，也可以是开公司的人。真实生活中的创业榜样可以给孩子留下长久印象，并且会让孩子形成一种"他们可以成功，我也一定可以"的心态。

在这4个类别中你将看到适用于不同年龄段的创业型孩子的培养方法。4岁大的孩子只能完成一些简单的事情，如设定长远目标、帮助他人、获得奖励、消费购物等。十几岁的孩子面对网络销售、帮邻居洗车、处理小公司在社交平台上的事宜时，则可以充分发挥创造力。

今天你所教给孩子的创业技能将会是他们今后事业成功的关键，可能使他们在某一领域有所突破，也可能会解决某一重大的实际问题。

除了本书之外，我们还创建了一个主要由想要培养创业型孩子的父母和监护人组成的在线社区。在这里你可以分享你的经验和成果，也可以向其他尝试这种独特育儿方式的人学习经验。

归根结底，培养有创业精神的孩子，重要的不是让他成为下一个史蒂夫·乔布斯或安妮塔·罗迪克，也不是一定要让他们创业，而是让他们在成长和认识世界的过程中有一种掌控感：相信自己有能力设定适合自己的目标，追求目标，并为之奋斗。不论他们将来做什么，这些心态和技能都会对他们有所帮助。

尽管书中的父母、祖父母和企业家们都没有直接表达过，但这些事例还是向我们传递了更深一层的信息，那就是，我们如今生活的时代需要优秀的领导者。培养孩子这些技能可能是我们能为社会做的最有意义的事情。

创业不是每天关注资产负债表和盈利目标，而是思考如何用可推广、可持续的方式造福人类，探索解决困难的方法，关注人们的需求。随着人类探索可能性的不断外延，我们比以往任何时候都更需要那些准备好引领世界的人来做出理智决策。

本书使用方法

● 朱迪

　　本书中的事例涵盖了我父母、丹尼尔父母以及几百位创业者、商业领袖和其他父母的养育经验，其中也有一些著名企业家的童年事例。

　　本书是框架、工具包，也是提升社会流动性的动力。它就像一本小手册，为你提供意见、指导以及可采用的启发式话题。其中一些内容是你当下即可应用的，还有一些内容需要你进行前期铺垫，在合适的时机巧妙运用。

　　本书包含4个部分，每部分包含从不同角度培养创业型孩子的相关内容以及可参考的事例和建议。有些观点看起来十分简单，却对孩子们未来的发展有着不容忽视的重要影响。创造条件培养创业型孩子不是一朝一夕的事情，需要我们润物细无声，需要我们持之以恒，所以说，这不是一个百米冲刺，而是一场马拉松。

　　其中心态和指导两部分适用于任何年龄段的孩子，孩子年龄越小效果越好。简单的措辞方式和指导技巧直接影响孩子对自己的认知、能力和潜能的评价。技巧和机会两部分是建立在这两者基础之上的。

　　同一年龄段孩子的理解能力和技能水平可能存在明显差异，两个 8 岁的孩子并不一定会产生共鸣，因此你可以根据实际情况从中选择那些适用于你孩子的建议。如果某个例子并不适用于你的家庭情况，你可以做个标记，过段时间再尝试。你会慢慢发现，不同年龄、不同阶段的培养着眼点其实是有内在关联的。当孩子长大，能够接受更多复杂技能时，你再培养他们这些技能。

　　书中的培养方法也许不会起到立竿见影的效果，但是你可能会发现孩子有所改变，他们开始独立思考人生、积极解决问题。你会发现他们从固定型思维转变为成长型思维，变得越来越自信、有创造力、独立、热情，他们很少乱发脾气，并展现出更多的精彩瞬间。这些无声无息的变化，可能只有在孩子面对挑战时或者某事发生的一瞬间你才会意识到。

　　无论他们过去是什么样子，这些特质意味着一个人正变得更有能力拥有成功和幸福的未来，一个可以实现的未来，一个心想事成的未来。

01 | 赢在未来的心态
● 丹尼尔

如果你家里有 3 个 6 岁以内的孩子，片刻的安宁对你来说都弥足珍贵。如果你不看着他们，他们很可能会用蜡笔在电视上到处涂画，或者骑着他的兄弟姐妹从楼梯上滚下来。

如果孩子们的积木塔被推倒，或者他们的艺术作品被弄坏，又或者是火车模型面目全非地脱离了轨道，他们便会因为创作被破坏而发出尖叫，打破原本的宁静。

一天，我正悠闲地喝着茶，吵闹声突然破坏了这份清净。5 岁的儿子大喊道："伊桑把我的乐高积木塔推翻了！"我走过去看了看那些散落的积木块，对他说："你知道吗？乐高积木真正的乐趣在于搭建的过程。现在它被推翻了，那你就可以再搭一次获得更多的乐趣啦！"听完，他欣然接受了我的说法，也明白了真正的乐趣在于搭建积木的过程，而不是结果。

这样一种简单的思维方式可以对人产生巨大的影响。我们的生活经常会被一些事情打乱。像经济衰退、流行病、自然灾害、重大技术革新、重大政治变革等，导致社会动荡或经济混乱的事件几乎每十年就会出现一次，并且往往令人猝不及防。此外，像亲人病重，工作迁居，家庭成员离世，改行或生意失败，离婚或受伤等一些私人事情也会打乱我们原本井井有条的生活。

我见过一些成年人，他们仍然活在多年前发生事件的阴影中。其中有一个人，当他谈到那段导致他创业失败的可怕经历时，仍然浑身发抖，整个人瘫在那里。他说，他的生活原本幸福美满，但是短短一年内，父亲病重，妻子离他而去，公司也破产了。我们花了至少 10 分钟探讨当时的情形，然后我才发现原来这件事已经过去 12 年了。

当然，也有人的情形与上述这类人截然相反。我认识的一个人在周末突然发病被送往医院，陷入了昏迷状态。他苏醒后被告知为了避免他丧命于脑膜炎，医院对他进行了四肢截肢手术。在接下来的几个月里，他一直坚信这是他一生中最伟大的事情。后来，他开始写书、创业、环游世界，还和一位非常优秀的女士订婚了。我们聊天时他调侃道："我曾和同事们日复一日地做着同样枯燥的工作。可如今，我环游世界，体验了不可思议的奇妙之旅，如果给他们这样的机会，我相信他们也一定会愿意为这样的精彩生活牺牲自己的胳膊和腿。"

生活中总会发生各种各样的意外，它们使我们的期望和美梦破灭。我们应当接受现实，做好心理准备去面对每隔几年就有可能发生的意外事件。"真正的乐趣在于搭建积木的过程，而不是结果"，不只是孩子，大人们或许也能够从这种心态中受益匪浅。

孩子的父母或监护人给孩子灌输的心态会影响孩子的一生，你可以让孩子们认为自己是受害者，但你也可以让他们认识到大多数时候他们是掌控者。你可以让他们认为自己被命运所困，但你也可以让他们认识到大多数情况下他们可以自由地改变所处环境。你可以让他们认为这是一个充满动荡和绝望的匮乏世界，但你也可以让他们认识到这是一个充满胜利与变化的富饶世界。

人们眼中的世界取决于他们的思维方式。企业家的思维方式与众不同，他们视问题为机遇，把复杂和挑战看作保护自己的"护城河"，把资源视为谋略的一部分。最重要的是，他们清楚地知道，只要愿意，他们便可以改变世界。他们眼中的世界不是一成不变的，而是始终拥有变得更好的可能。

本书中的很多方法可以强化这种对孩子有着重要影响的心态和信念。有意识地培养孩子的心态，让他们更有能力、更乐观、更有适应力、更勇敢，这在未来和当下都十分有益。在这本书中你将读到一些父母的事例，有的为孩子重新解读失败，有的用小咒语和格言来强化有益的想法，有的帮助孩子拥有远大梦想并为之努力。

在教会我儿子真正的乐趣在于"搭建的过程，而不是结果"的几周后，我目睹了一场精彩的互动。当他沉浸在自己想象的世界里专心地布置火车组时，他的弟弟跑过去压倒了火车组，那些精心搭建的零件散落满地。我没有给他任何示意，他却笑着对弟弟说："谢谢你，我们可以再组建一次了，你来帮我怎么样？"弟弟马上同意了，这两个小家伙开始忙活起来。这个小小的心态变化改变了一切——他没有发脾气，而是直接回到正轨去做他喜欢的事情。如果他能继续保持这种心态，他将从生活中收获更多。

订立家庭盟约

○ 丹尼尔

　　传统观念认为，当孩子提出要求时，你一定不能改变主意或偏离最初的答案，否则孩子会发现你有谈判余地。但如果你的孩子有能力改变一个他们不喜欢的决定并因此而感到自信，这难道不是好事吗？除了短期内你不得不制定一些规则以外，并不会产生什么不良影响。你要知道，世界上成功的企业家大多是强大的谈判者。

　　与大多数普通人不同，伟大的企业家都相信他们可以通过改进论点，从而改变他们不喜欢的结果。另一个能帮助孩子掌握谈判技巧的方法是告诉他们，如果他们能做到说话礼貌、改进论点，并选择合适的时机提出论点，他们完全有可能得到与最初的拒绝截然不同的结果。这就是在给他们灌输一种强大的思维模式。

　　普通人通常消极地看待失败，但企业家对失败的看法很有意思。他们通常把失败看作成功的重要组成部分，而且相信自己不会一直失败。企业家们有时会希望尽快失败，这样才能够从中吸取教训重新开始。

　　例如，在没有稳定辅助轮的情况下学骑自行车既是一个练习骑车技能的机会，也是一个给孩子灌输强大思维模式的机会，而且这种思维模式适用于很多情景。"犯错是学习的一部分""每一个胜利者都曾是初学者"，小孩子学骑车时常用的这些简单话语在成年之后依然会牢牢印在他们的脑海里。

父母或监护人可以选择为孩子庆祝生活中的一些事情。你可以买个蛋糕为他们庆祝生日，也可以骄傲地向人展示运动会上孩子们获得的奖杯和彩带。你还可以为孩子庆祝失败，不仅仅是对他们说"至少你努力过"这种陈词滥调，也不仅仅是庆祝获得参与奖——孩子们需要明白获胜是重要的——但是你也需要潜移默化地让他们明白，失败是通往成功的重要一步。

和公司一样，拥有愿景、使命和价值观的家庭能有效地塑造孩子的思维模式。如果我告诉你我的公司里有一份纸质版的愿景、使命和价值观陈述，你肯定不会诧异，因为大多数快速发展的公司都会注重此举，以此来塑造公司的行为、态度和文化。可是人们为什么觉得为家庭写一份这样的文件是奇怪的事呢？实际上，世界上许多非常成功的家庭真的会讨论家庭价值观、愿景和使命，并且很多家庭会把这些写成文件。让孩子了解家人对他们的期望会对孩子的心态产生深远的影响。

行动建议：

✒ 让家庭盟约的制定充满乐趣。家庭盟约可包含家庭规则，像如何交谈、如何待人、喜欢一起做的事情等。

> 🚀 鼓励大家一起讨论家庭盟约的内容。
>
> 🚀 可以把它放在显眼的位置来时时提醒自己和家人。

我和我先生克林结婚时，我创作了一本所谓的家庭规章。作为一个公司老板，我对公司有自己的愿景和战略，所以我对家庭自然也有。家庭规章涵盖了我们的价值观、立场以及坚定的信仰，这样我们就可以有意识地把这些灌输给孩子们。规章中我们一起写的一些内容很有意思，如"我们的家庭使命""五大家庭价值观""卡丽认为克林很棒的原因""克林认为卡丽很棒的原因"，以及"如何让卡丽/克林惊喜"等。我相信这种做法可以让我们更清楚地认识自己、认清自己的现状，为将来的非凡成就铸造牢靠的基石。

卡丽·格林，女企业家协会

我明白努力后失败没什么大不了的，我会因我没做过的事情感到遗憾，但不会为做过的事情感到后悔，我为我所有的努力感到自豪。父母教会我珍爱自由，珍惜时光。我母亲在销售领域极具天赋，我父亲不论与看门人还是与王室成员交谈时都会让人觉得舒适自在。他们使我懂得，让别人感到受欢迎、安全和自我感觉良好是酒店业务的本质。我们每天都在努力达到这一要求。

斯潘塞·克莱门茨，威廉·科尔公司

我父母抚养的两个女儿现在都成了企业家。我的父母是自由主义者、女权主义者，是有社会意识的加州伯克利居民。他们给我和妹妹戴前卫的战俘手镯①。我母亲是"另一位和平之母"（Another Mother for Peace）协会成员，她留爆炸头，穿彼得·马克斯②式的流行服装。童年时，父母不断告诉我"你可以做成任何事，你可以成为任何人"，他们从未设定过我们该变成什么样子、该成为什么样的人，他们总是鼓励我去探索世界。

洛拉·波平，普拉姆指导咨询中心

拉里·埃利森

甲骨文公司联合创始人

世界财富排名第六，签署"捐赠协议"承诺将至少一半的财产捐赠给慈善事业。

---

① 一种曾在美国流行的手镯，上面刻着被俘或失踪的越战士兵的名字和军衔等信息，目的是祈祷和召唤失踪士兵回家，同时也提醒人们反战和珍惜和平。这种手镯一般是当时比较前卫的青少年才会佩戴。
② 彼得·马克斯（Peter Max），德裔美国艺术家，其作品以色彩艳丽的迷幻风格而闻名，在世界范围内受到广泛认可。——编者注

埃利森从没见过他的生父，也只见过他的生母一面。他的收养家庭是从欧洲来的犹太移民，他们以埃利斯岛的名字为自己命名"埃利森"。他成长于芝加哥一个工人阶层的公寓里。

在埃利森家里，母亲是个善良、体贴、慈爱的人，父亲却是一位十分严格、固执、苛刻的会计师，他常常说埃利森一无是处。尽管如此，埃利森还是成长为一个独立、自信、不认输的人，这样的性格使他与父亲和同龄人频繁发生争吵和误解。

在学校里，埃利森对飞船建造、科技、工程这些复杂学科产生了浓厚的兴趣。他成绩平平，会打壁球、排球和曲棍球。他很聪明，但却一直因受压制而无法施展才华。埃利森先后就读于伊利诺伊大学和芝加哥大学，但都退学了，后来他去了西部的科技公司就职。

在口述自己的经历时，他说："我从没有上过计算机技术课程，但我找到了一份程序员的工作，我主要都是自学，就是拿起一本书然后就开始编程了。"

埃利森很聪明，他将他的第一个产品命名为"甲骨文2代"，其实这只是第一代产品，这样命名是因为埃利森和他的合伙人都认为没有顾客愿意冒险尝试一种全新的产品。

改变理财模式

○ 朱迪

无论有意还是无意，你的家庭都以一种特定的理财模式看待金钱，以及如何赚钱、存钱和花钱，这将成为你孩子默认的理财模式，他们管理自己的钱财时也会运用这种模式。

有多少人，就有多少种理财模式。虽然罗伯特·清崎在他的畅销书《富爸爸穷爸爸》中告诉你，建立一个房地产投资组合以获得被动收入是有效的方法，但是职业顾问却建议你在公司里不断晋升，这样你就可以用6位数的薪水买房子、买汽车、度假。理财杂志可能会关注如何获得日用品的购物优惠券以及个人储蓄账户的优点，但是独立的财务顾问会建议你购买商业地产作为养老基金，网络旅行者会建议你拿到涵盖航班和住宿的合同，这样你才能顺利地周游世界。突然之间，多年来我们所做的和学习的理财方式开始被质疑：该贷款买房吗？该存钱吗？谁的做法是正确的？有人是正确的吗？我们该给孩子介绍哪种观念？

今后的情况会更加复杂，1/3的00后将无力购买一套属于自己的房子，他们的个人贷款会持续增加，消费压力与生存问题前所未有地交织在一起。这一代孩子的榜样大多是社交媒体上的博主或网红。过去那一套"工资进，花销出"的体系已经不适用于人们所面临的实际情况了，自然也不适用于孩子们将面临的实际情况。

人们看待金钱的态度与对金钱的认知同样重要，甚至可以说更重要。每个人对舒适生活的理解取决于他们的成长环境、当前境遇、未来抱负和模范榜样。

每代人对财务的理解各不相同。房地产崩盘、加密货币、天使投资等概念告诉我们，每一代人关于如何赚到钱或赚不到钱的经验来源是不同的。如果你拿今天的婴儿潮一代与已经上学的8岁孩子们相比就会发现这种差异。零工经济的迅速发展和自由职业的盛行意味着这些孩子将不再有稳定的薪水，他们甚至可能永远体会不到月薪的概念。

试考虑以下问题：

- 按月发放零用钱是否让孩子们形成盼望发月薪的期待？这是过时的做法吗？
- 有稳定的月薪有什么好处和坏处？承包工作的利弊分别是什么？
- 你是怎么赚钱的？别人付给你月薪是因为你的时间、你的知识还是你的产品？
- 像"钱不是大风刮来的""我们永远都买不起"这种口头语有用吗？

行动建议：

📍 孩子通过做家务赚取零花钱的频率如何？还有其他赚钱途径吗？

📍 我们如何向孩子灌输财务富足的信念？如何教他们认识到可以通过多种方式获得金钱？

📍 当你把拥有财富定义为难以实现的事情，或向孩子传递有限的信念时，请注意。

我给女儿伊莎贝尔零用钱，鼓励她创业。这使她学会了制定预算，只买自己能负担得起的东西。她帮我的店做商品订购、产品测试，以及备货和包装。在这个过程中她实践了自己在易集（Etsy）平台开网店所需要掌握的一些重要秘诀。

德博拉·罗杰斯，"天才鼠"品牌

说到我的孩子，我从未给过他们一分钱的创业资助。如果我那 19 岁、15 岁和 11 岁的孩子想要买什么东西，他们应该自己去赚钱。但首先，他们得知道该如何赚钱。

阿林娜·亚当斯，"纽约学校的秘密"播客

小时候，父母总是想给我们买同龄人都拥有的东西，但是他们真的负担不起。直到今天他们才承认这一点。我们住在亚拉巴马州的乡下，在那里小孩子没有太多工作可做。如果我想花钱，我就得自己先赚钱。在我还很小无法驾车外出工作的时候，我就在花生地里除草。等我能开车了，我就找了一些报酬更高的工作。把握任何机会让自己赚钱是我小时候想当企业家的真正动力。

道格·米切尔，奥格特里金融服务

埃丝特·阿富亚·奥克洛

世界妇女银行创始人之一

加纳小额贷款实践的先驱，因改善了千万人的生活而获埃丝特饥饿项目颁发的"社会各阶层各领域杰出领导者"称号。

奥克洛出生于一个贫困的家庭，从小就懂得经济独立的重要性。她希望不再有人经历她所经历过的艰苦生活，所以她十分关注提高女性的自主权。

　　高中毕业时，奥克洛的姑姑给了她 10 先令，她用这些钱买来橘子、糖和其他需要的原料制作了几瓶果酱，并打算之后售卖。

　　奥克洛在一次采访中说道，"我当时是决意要把这 10 先令至少翻两倍的。我先用 6 先令买了做橘子酱的原料，然后到街对面去兜售。不到 1 小时我就卖掉了所有的橘子酱，6 先令变成了 12 先令。我非常高兴，犒劳自己一顿美味的午餐。"橘子酱的质量和奥克洛的坚韧性格给奥克洛的老师们留下了深刻的印象，他们非常相信她，让奥克洛每周为学校提供两次橘子酱，于是她有了第一批固定客户。

设定远大梦想

○ 朱迪

有句名言常被认为是出自亚里士多德，但实际上是美国哲学家威尔·杜兰特说的——"我们反复做的事造就了我们。"换一种表达方式就是，要想成为名词，先要做动词。要成为作家，就必须写作；要成为歌手，就必须歌唱。不苦练芭蕾，就无法成为芭蕾舞者，任何运动或乐器都是如此。在成长过程中，我清楚地知道，在说想要做好某事和实际去做好某事之间是有巨大差别的。如果我想要做什么事情，并做出了承诺，我就会坚持下去，再多的挫折也无法阻止我。

所有的创业者都知道，只写下目标然后等待它实现是不可能的。你必须思考如何实现目标，然后一步一个脚印地去实现它。

其实，远大梦想的设定可以从全家人讨论对未来的规划和梦想的定位着手。比如，可以一起观察职业运动员或行业专家，并讨论他们是怎样达到这种水准的。你必须每天练习网球，做伸展运动，赢得多场比赛，保持身体健康状态，否则你无法在温布尔顿网球锦标赛获得佳绩。我们家一位 5 岁的朋友弗雷迪说他的梦想是长大以后当一名消防员。"你当然可以成为一名消防员啦，"他母亲说，"那么，给我说说你要学的都有什么吧。"这样说的目的不是为了打消弗雷迪成为消防员的念头，而是让他去思考成为消防员需要做的所有事情,如艰苦训练、通过测试、练习滑竿等。

企业家克里斯·迈尔斯曾写过 40% 成长法则,这个法则因杰西·伊茨勒的《与海豹突击队一起生活:与地球上最坚强的人一起训练 31 天》而广受关注。迈尔斯解释说:"40% 法则非常简单,就是当大脑告诉你你完了,你没力气了,你无法再前进了,实际上你只发挥了自己 40% 的能力。"在成长过程中,家人总是鼓励迈尔斯"那些别人做不到的事,正是我们应该做的事"。对这种说法,他真是既爱又恨。我很欣赏这种尝试艰难任务的想法,这是鼓励人们努力奋斗、不畏艰辛的好方法。

行动建议:

🚀 描绘出你心中的不平凡生活是什么样的。在这样的生活中,你都会去哪里? 去见谁? 如何着装?

🚀 设定目标。谈谈你能够在 1 周、1 年或 5 年里实现的目标。

🚀 把目标扩大。扩大 2 倍如何? 扩大 10 倍如何?

🚀 思考你在书中或新闻中看到的人的生活和事业,谈谈他们是做什么的,是如何获得今天的成就的。

"今天要比昨天好。"这是上高中时父亲给我的忠告，而且这条忠告与商业无关。他一直知道我有远大的梦想，他鼓励我追求梦想，于是那天他跟我说了这句话。只要今天比昨天进步了，你终会成功。在创业过程中我完全坚信这一点。

约翰·塔比斯，鲜花速递服务初创公司

家人教导我可以成为任何人，做成任何事。家人还教导我可以礼貌地质疑任何事，不要轻言放弃。我出生于工人家庭，一直梦想成为一名律师。家乡人说像我们这样的人无法成为律师或者读大学，他们都认定我不会成功。我的母亲不愿放弃，最终为我争取到了一所好学校的奖学金，她对我说只要我足够努力，就可以去尝试任何事并取得成功。祖母教导我别人怎么看是别人的事，要和善、平等、尊重地对待他人。母亲和祖母对我一如既往的信任使我无视那些否定的声音，朝着梦想努力。现在，我成了世界上顶级上市律师事务所里极年轻的合伙人。

娜奥米·普赖德，德威律师事务所

虽然我自己还没有小孩，但我对我的侄子和侄女确实产生了影响。我给他们列举一些能够自己掌控时间和地点的人物的事例。

也告诉他们生活中大多数人都有固定工作，这决定了他们要在何时、何地，做何事。我试着询问他们的梦想是什么，以及打算如何利用自己的技能、知识和机会来实现梦想。

弗兰克·琼斯，营销公司 OptSus

卡丽·格林

女企业家协会创始人

在网上有超 60 万女企业家粉丝，著有畅销书《女性与商业》。

格林的父亲是一位企业家，在格林还不满 10 岁时，父亲就把她和她的另外 3 个兄弟姐妹送去学习视觉记忆和意念力的相关课程。在这门课上，她学会了如何建造一座思维宫殿，当她想要思考并寻找问题答案、需要消除负面情绪、描绘自己的未来蓝图时，她都会启用它。格林的父亲还给她看了吉姆·罗恩[①]培养成功好习惯的视频，格林觉得很有意思，便开始在家里模仿他的一些做法。

虽然格林学到了一些对未来发展十分有用的技能和心

---

① 吉姆·罗恩（Jim Rohn），国际知名的商业思想家、美国 Jim Rohn 培训机构创办人。——编者注

态，但是她在学校里成绩垫底，老师认为她学习成绩太差了。格林自己也承认她在课堂上就像个淘气的小孩子，傻傻的，还经常搞怪。

于是，格林的父亲教给她一些技巧，以避免受到他人言行的消极影响。其中一个方法是想象有一个巨大的金钟罩能把自己罩住，把那些来自别人的消极情绪反弹回去，让自己免受其影响。格林很好地掌握了这些方法，也许是为了向那些忽视她的老师们证明自己，她做了一个目标文件夹，里面的文件内容展示了她理想中生活的样子、感觉，甚至包括味道。这个文件夹里还有一份经过技术处理的银行存款截图，上面显示她的银行存款有 1.36 亿英镑。

用"问题"培养独立性

○ 朱迪

打个比方，把人扔进深渊，结果是要么沉下去，要么游过去。我们听闻过的那些成功企业家经常被扔进深渊，但他们总是能找到脱困的方法并获得成功。父母是他们最坚实的后盾，给了他们信心和勇气。

一旦孩子尝试过独立，他们就会继续四处寻求独立的机会。他们开始自己做决定，享受做决策的过程，并极力维护自己的决定。

起初都是从小事起步，经过足够的历练之后，逐步形成独立性。孩子可以通过选择服装、预约事务、计划周末等小事锻炼独立解决问题的能力，发挥创造性思维。这些事情的每一个步骤都可以培养孩子的主人翁意识、责任感和主动前进的意愿，这些都是企业家所必备的重要能力。

最让我头疼的是有些人从不思考有哪些解决方案，而是直接提出问题。遇到这种情况时，父母或管理者很可能直接进入问题解决模式，主动提出解决方案，或者跳过探讨环节直接说"我来处理吧"。

但这毫无益处。这只会使孩子更加依赖别人，等待别人去思考问题、解决问题，将思考问题的任务丢给他人。这会使能解决问题的人也开始依赖他人，从而形成一个企业家（至少是一个成功企业家）不该具备的特质——无助感。

遇到这种情况时，教孩子去承担问题并全权负责解决问题才是长远之计，只是这需要短期内你有十足的耐心。最简单的练习方法就是不断地向孩子提出问题，直到他们找到解决办法，然后表扬他们，让他们相信自己能够找到解决方法。

行动建议：

当孩子向你寻求问题解决方法时，用以下语言培养他解决问题的思维模式：

- ✒ 是什么导致了这个问题的出现？

- ✒ 你能想出 5 种解决办法吗？

- ✒ 目前你尝试过哪些办法？为什么没起作用？

- ✒ 这个问题以前出现过吗？如果出现过，你当时怎么解决的？

- ✒ 如果我不在你身边，你怎么办？下一步打算怎么做？

也许你无法立即得到以上每个问题的答案，这时不要急于打破沉默。要适应问题与回答之间良久的沉默，这正是思考的最佳时间。可以给出一些有用的提示，让他们相信自己能找到解决方法，但不可以把问题完全接手过来。第一阶段是孩子能从你的问题中得到解决答案。第二阶段是在没有提示的情况下，他们也能够自己提出并回答以上问题。随着时间推移，他们的回答也会有所变化，如"妈妈，电视遥控器坏了，快修好它"可能会变成"妈妈，我发现电视遥控器坏了，我猜是电池没电了，所以我把烟雾报警器的电池卸下来试了试，我发现我的推测是正确的，现在遥控器又好用了。我自己解决了问题，电视又可以看了，但是我得去商店买新电池装到烟雾报警器上"。

因为我的女儿才 2 岁，所以对定价策略、税务筹划、人力资源等话题的讨论几乎没什么兴趣。但我和妻子都鼓励她尽可能独立做一些力所能及的事情，从家务活（她喜欢帮我们擦桌子）到穿好衣服去公园选一项游乐活动。大多数创业者最需具备的特质就是自由和独立，所以我希望能在她小时候就培养这种心态，为她将来开辟自己的人生道路树立信心。

伊恩·赖特，全球市场调研机构

我的父母从不修理我们弄坏的任何东西，因为他们"一无所有"。这迫使我和我那些急脾气、有好胜心的兄弟姐妹们变得聪慧、富有创造力。我记得我弄坏了一个遥控器，然后我用冰棒棍和胶带给修好了，而且非常好用！

拉兹·维尔塞斯，血液检测实验室

作为移民儿童，我的创业动力实际上是父母的缺席造就的。他们那时要忙于生计、适应美国的生活，所以小时候我经常独自一人在家，只能自己探索兴趣，激励自己早早独立。这种自发的能力十分重要，尤其是在现今这样一个不断变化的商业环境里。

琼·梅，先锋数字广告公司

戴蒙德·约翰

美国服装品牌 FUBU 创始人
2009 年成为美国发明真人秀节目《创智赢家》最早的名人投资者之一。

戴蒙德·约翰成长于纽约皇后区，母亲教导他命运掌握在自己手中，人应为自己想要的一切努力奋斗。一年级时，约翰就领略到了销售的力量。他把铅笔上的油漆刮掉，刻上客户的名字，借此收取一定的费用。他也在冬天帮人铲雪，秋天替人扫落叶，以此获得一些酬劳。

约翰 10 岁时父母离异了，他由母亲抚养，从这时起约翰成为一家之主，要担当起帮忙养家糊口的重任。他早期的一份工作是发传单，每小时 2 美元。他也做过电工学徒，在纽约布朗克斯区的废弃建筑群里安装电线。他的母亲对他说："听好了，你要想清楚下半辈子要做什么，是继续这样下去还是换一种活法。"

约翰在一次采访中解释说："那时突然就有一段美妙的音乐从布朗克斯区传到了皇后区，那是嘻哈……皇后区有个人非常有名，他靠做音乐谋生，我从没想过可以靠自己喜欢的事情谋生……"约翰高尚的职业道德，加上他意识到自己可以靠喜欢的事情谋生，这使他无往不利。

在模仿中学习自信

○ 朱迪

  企业家都是自信的人，这并不是说他们讲话大声或自说自话，而是说他们很清楚自己是谁，代表着什么，他们相信自己的能力。

  和很多其他企业家一样，我不介意登上舞台在镁光灯下畅谈。成长过程中，我以为每个人都如此。直到离开学校我才知道原来压力、焦虑和紧张会影响人们做事的能力。这太可怕了，我从未想过这些虚指的概念竟然能够困住人们。

  要剖析为何有人深受神经状态影响而有人总是自信满满，可以从 3 个方面深入探索：

▶ 贴积极的标签

  "stress"（压力）一词有两个衍生词。第一个也是最常使用的是"distress"，定义为极度的焦虑、悲伤、痛苦。第二个是汉斯·塞里①1975 年创造的"eustress"，字面上的意思是"good stress"（积极压力）——这种压力对身心健康均有裨益。

  在真正需要"迎战或逃跑"的场景中，例如被熊追捕或面对持刀歹徒，当然是截然不同的情形，但是在日常情景中，上述因

---

① 汉斯·塞里（Han Selye），加拿大病理学家，压力研究之父。他首创应激学说，推动了病理学和内分泌学的研究。——编者注

压力引起的生理变化也可能是好事。

很多人在演讲前、录像前或者在体育比赛中有人观看时，就会有肚子不舒服的感觉，如果我们不把这解读为焦虑和紧张，而是解读为肾上腺素激增的反应，会怎么样呢？把上台前的感受贴上消极术语的标签会让你羞于展示自我，会阻碍你成为一个出色的演讲者。比如，若我正要做某事时心跳加快、略感紧张，我把这看作好事，认为是肾上腺素在增长，这能使我展现出最好的状态。这也被称作积极压力。

▶ 模仿别人的自信

小学时班上有个女孩特别自信。她总是想什么就说什么，敢于在操场上旁若无人地跳舞、在学校戏剧表演中担任主角、在课上举手回答问题。我一直很佩服她的自信。当我需要展现自信时，我就会下意识模仿她的自信行为。

我会先界定出我想要成为的样子，然后一步一步地成为那个人。这很快就成为一种习惯，我不必再去刻意模仿朋友的行为举止，我已经是一个非常自信的人了。现在，我常常会问自己："我想成为的人会怎样做我想要做的事？"

▶ 设定情景

如果一件事被界定为是既麻烦又可怕的事情，人们就很可能会真的以对待麻烦的方式对待它。如果一件事被界定为是积极的、让人愉悦的事情，人们对它的态度会与前者截然不同。在我还很小的时候，父母总是热切地支持我，他们认为我能够成功。我还记得他们经常说"你怎么可能做不到呢""最坏的结果会是什么"以及"这能有多难"。他们不曾轻视我，他们是在帮我建立自信。这使我明白，在艰难险阻面前取得成功的最佳方法是重新审视任务、做好充分准备，过度焦虑毫无意义。

行动建议：

信心是创业的关键要素，可以通过以下锻炼方式培养年轻人的信心：

- 淡化对校园表演、朗诵或考试这类事情的恐惧。
- 注意不要给即将面临的经历贴负面标签。
- 将表演前的紧张不安理解为好事。
- 预设孩子们是能够成功的，然后一直给予支持。
- 发掘其他人身上的自信特征，并探讨如何向他们学习。

父母是我成功的关键。印象中我小时候从没让他们失望过，我自己也确实从没失败过。他们一直很相信我，也非常宠爱我，我不能让他们失望。他们的支持和信任是我强大的后盾，所以我无所畏惧。即使跌倒了，我也会吸取教训，整装再出发。

布莱恩·劳利斯-德戈德，公关公司 BLND

父母从我幼时就一直教导我"你下定决心做的事一定能成功"，这种话虽然是老生常谈，但确实对人影响深远。我相信他们的话，也因他们的话语和支持而相信自己。那时我就已经是个意志坚定、行事专注、懂得朝目标努力奋斗的小女孩了。我想要在学校筹款活动中卖出最多的糖果、杂志和女童子军饼干。我给自己设定目标然后实现它。

罗米·陶尔米纳，防孕吐手环 Psi Bands

我的继父教导我要热爱教育、严于律己、追求卓越，他让我懂得自信的重要性。每当我说出一个问题的答案时，他的回答总是"你确定吗？"当我表示确定后他还会进一步确认，"你确定自己是正确的吗？"当我面对第二次质疑犹豫不决时，他会告诉我，"你是对的，不要质疑你自己"。在这个竞争激烈的高科技行业中，身为一名女性首席执行官，我常常想起这句话。自信是关键，果断是要素。

奥特姆·曼宁，卡祖员工体验平台

克里斯·加德纳

加德纳理财公司创始人
他的经历被改编为电影《当幸福来敲门》。

加德纳说："我决意走出我成长的那个圈子时我并不认识周围的人，也不熟悉周遭的环境和当时的社会情形，那个圈子里满是弃养、虐童、酗酒、家暴、贫穷和文盲。"

在 20 世纪 60 年代末，加德纳深受埃尔德里奇·克利弗、马丁·路德·金、马尔科姆·X 这些政治人物的影响。据加德纳回忆，他的母亲总是鼓励他要相信自己，这为他播下了自信的种子。他母亲的原话是"你只能依靠自己，骑士不会来了"。

加德纳的童年生活里并没有多少男性榜样，在寄养期间他第一次见到了他的 3 位舅舅：阿齐博尔德、威利和亨利，亨利是三个人中对加德纳影响最大的一个。在加德纳最需要一个正面的父亲形象时，亨利走进了他的生活。

据加德纳回忆，16 岁时在电视上看的一场篮球比赛是他生命中的决定性时刻。当他评论说其中一个球员能够赚到 100 万美元时，"我母亲对我说，'儿子，有一天你也可以赚到 100 万美元'。在她说这话之前，我从没这样想过。"他听进去了母亲的话，并在之后的几十年里一直牢记在心。

适应性与灵活性

○ 朱迪

你应该很熟悉 IQ（智商）和 EQ（情商），这里我来介绍一下 AQ（适应商）。"适应商"广义上被定义为"在瞬息万变的环境中转变和发展的能力"。

高盛集团驻纽约副总裁娜塔莉·弗拉托说过："智商决定你能否找到工作，而适应商是决定你能否取得成功的关键。"弗拉托在投资科技初创企业时开始关注适应商，随后她就这一主题发表了一篇颇受欢迎的演讲。

弗拉托认为 AQ 不仅仅是指接收新信息的能力，还包括搜索相关信息、摒弃过时知识、克服困难并有意识地做出改变的能力。AQ 包括灵活性、好奇心、勇气、适应性和解决问题的能力。听起来这对未来的企业家很有用，对吧？

小时候，我经常坐在沙发上等着家人喊我"准备一下，我们出去一趟"，我们可能出去散步，可能去串门，也可能去买东西。定期更换的家庭惯例是我成长过程的重要部分，现在我发现这样的成长经历使我能够快速适应新计划、接收新知识。甚至，如果事情在最后一刻发生了变化或者无法按计划进行，我都不会感到惊慌失措，我总是处于一种"好吧，我现在该做些什么呢"的心态。我相信这源于我从小就喜欢改变。

这就是我们所说的程序灵活性。比如你可能制订好了计划，设定了最佳情景，却发现餐厅里你喜欢的食物已售罄，或者外面下雪了，又或者你的心情发生了变化。这不是世界末日，没什么大不了的，你总会有其他办法的。

在 2017 年一篇题为"程序灵活性的微观动力学调查"的学术论文中，两位研究人员探索了在多变的经济形势下，程序灵活性对企业生存的益处，以及个人的程序灵活性对瘦身或养生效果的影响。如果你仔细想想，会发现其中的某些观点非常有道理。

适应商和程序灵活性是指既有计划又欢迎变化。如果事情真的有所变化，请坦然面对。这种心态能使你学会牢牢把握面前的机会。也许你的计划是完成学业、进入大学，但是在入学前也许会有更好的机会降临，这时适应性强的人便能够抓住机会。尤其是在当今环境下，新技术随时都在创造新机遇，培养孩子的灵活性可以让他们有更多的选择。

行动建议：

🚀 提前设计一条迂回路线或改变计划，但不要告诉家人。看看计划有变时他们作何反响，并评估他们为什么能够很好地面对这个变化或为什么无法适应这个变化。

🚀 从日常事情中寻找机会锻炼适应力，比如衣服没烘干、最喜欢的毛衣找不到了，或者晚餐需要的重要食材已经卖光了。

> ✒ 接受最后一刻制订计划的做法，并和他们一起完成。
>
> ✒ 练习"如果这样……就会……"的情景，为意外变化做好准备。例如"如果你现在不写作业，明天起晚了就会怎么样"。
>
> ✒ 面对改变时，学着降低紧张程度，朝好的方面看，问自己"好的方面是什么"。

　　我成长于一个多元化的家庭。我们经常搬家，主要在加利福尼亚和阿肯色州之间，大概每年一次。我母亲是单亲妈妈，她工作很忙，所以我要帮忙带大 3 个妹妹。我还很小的时候就学会了如何快速判断形势、理清思路并解决问题。得益于良好的适应环境变化的能力，我更善于把风险和困难转化为机遇，不断前进，收获颇丰。

奥特姆·曼宁，卡祖员工体验平台

　　因父母工作特殊，我们每隔几年就要搬一次家，在与家人建立良好关系的同时，我学会了如何在不同的地方开始新的生活。通过不断地面对新学校、新朋友、新活动，我锻炼了适应力，获得了自信。我很庆幸父母教会我把改变视作机遇，教会我应对新环境的实用技能。

伊丽莎白·马尔森，阿姆斯利研究所

　　我父亲在当地一家报社工作，随着事业攀升，他从一家报社调到另一家报社，我们全家也随之四处搬家，后来我已经非常适应频繁转学了，也习惯了被叫作"新来的男孩"。13岁那年我转入了我上过的第六所学校，也是那一年的第三所学校。尽管搬家令我难过，离开好朋友使我伤心流泪，但回顾那段经历，它确实教会了我如何接受改变、适应改变，培养了我快速适应新环境、结识新朋友的能力。体育运动无疑是我适应新学校的"手段"，你可以亲自参与到体育运动中，也可以只是谈论体育运动。体育运动能起到平衡作用，尤其是团队运动，它能让人快速建立新关系、结识新朋友。我经常踢足球、玩橄榄球和板球，这些运动使我快速地适应了周围的一切变化。

保罗·福克纳，大伯明翰商会

埃隆·马斯克

太空探索技术公司 SpaceX 和特斯拉的首席执行官

2020 年，SpaceX 将猎鹰 9 号火箭发送到太空，这是私营公司首次向国际空间站发射载人飞船，创造了历史。

成长于南非的马斯克童年时十分热爱读书，他小时候就读过艾萨克·阿西莫夫的《基地》系列，从中懂得"你要采取行动尽力延长文明时代，将黑暗时代存在的可能性降到最低；倘若黑暗时代已经来临，那就让它尽快终结"。

马斯克 10 岁时父母离婚了，那时他对电脑产生了兴趣。他经常沉浸于发明创造的美梦里，还自学了编程。12 岁时他售出了自己的第一款软件，名为《太空小游戏》，价值 500 美元。马斯克在童年时期饱受欺凌，他曾被一群男孩从楼梯上推下而受伤住院。在那之后，他去学了空手道和摔跤，懂得了保护自己。

尽管马斯克的父亲坚持让他去比勒陀利亚上大学，但他还是决定去到美国，他说："经过观察和考虑，我觉得美国是比其他任何国家都更有可能实现伟大梦想的地方。"他知道从加拿大入境美国更容易一些，于是在 1989 年 6 月 18 岁生日前夕，马斯克因母亲生于加拿大而获得加拿大护照，不顾父亲的意愿毅然去到了那里。

跳出"正常"

○ 朱迪

我非常喜欢苏斯博士的一句话:"我就是我!这是最棒的事!"另一句我也很喜欢的话是马克·吐温的"当你站在大多数人那一边时,你该停下来反思一下"。

印象中"正常"这个词是我们家的禁忌语。如果我父母做出什么让我和姐姐感到尴尬的事情,我们就会抱怨"你们为什么就不能正常点儿?"每当我们这样说时,父母会立即回问"什么是正常",很可能还会加一句"正常就是无聊"。我敢肯定,正是父母的特别教育使我们不再想方设法成为"正常"人,也不再竭尽所能融入群体。融入群体并不是有雄心壮志的体现,变得卓越非凡才是。

我的父母从未强迫过我们去做和别人一样的事,如今我领略到了这种教导方式的好处。想要培养不同的兴趣吗?想要点一些菜单上没有的菜吗?当然要!想穿一套舒适的衣服而不是一套可炫耀的衣服吗?没问题。想一个人出去走走、看看书吗?当周围的人都在找工作时打算自己创业吗?去做吧。

刚开始父母这样回答时,可能会让孩子穿上了令人抓狂的衣服或做出不合常理的决定,但逐渐地,这些回答会激励孩子有信心去做一些与众不同的事情——去冒险,不屈服于来自同伴的压力，也不去盲从别人的做法。

兄弟姐妹之间，不同的家庭、城市、文化、国家之间，对"正常"的定义都有巨大差异。每个人的定义都不同，所以家人之间对"正常"的定义也可能会有差异。努力融入某个单一群体，试图符合媒体标准或者文化规范都是毫无意义的，这只会使孩子们思维闭塞、潜能受限，最终阻碍他们的发展，剥夺他们的幸福。

想想这样一种说法："你只能通过无情和刻薄获得成功。"这样说的人也许认为这就是事实，但这只是基于他自己的经验。"正常"亦是如此，它是主观的概念。别人的看法不一定是你的。

行动建议：

🚀 支持孩子的选择和志向，即使这不是大众的选择，同时在任何他们乐于独立思考和自食其力的时候给予支持。

🚀 不要评论你不了解的人的选择。如果有人着装疯狂或者行为古怪，请不要贬低或批评，把你的评论变成"对他们有益"的话。当然，最好是不评论。

🚀 学会接受任何差异，把差异看作是让世界变得更有趣的好事。

> ✏ 让他们认识不同背景的人，听听其他人对"正常"的定义，了解不同文化群体和家庭对"正常"定义的差异。
>
> ✏ 通过讨论相同来庆祝不同，想象一下如果每个人都一模一样，世界该有多无趣。
>
> ✏ 学着找出 100% 正确的事和别人认为 100% 正确的事之间的区别。

我成长于 20 世纪 70 年代纽约市的格林尼治，父母教导我要做到 3 件事：创新、特立独行、自我激励。我的父亲是一名演员，母亲是一名摄影师，这样的家庭环境使我富有创造力，也赋予我独特的视角去看待世界。虽说如此，我也是随着年龄增长才意识到人们的生活方式是各不相同的。父母希望我能把自己的创造力看作是自身的标识和特质。母亲培养我创造力的最奏效的一个方法是让我自己穿衣打扮，自己挑选每天的衣着。我有时候甚至会穿灯芯绒裤子搭配帆布鞋，穿星际大战的 T 恤套着细条纹外套去学校。在我看来，创新、特立独行和自我激励是企业家必备的条件，缺一不可。

贾斯廷·托宾，美商方策顾问公司

父母曾告诉我可以做成任何我想做的事，成为任何我想成为的人。我很聪明，总能想出好点子，即便我"脱离正轨"，没有走常规路线，他们也总是全力支持我。对于我那些疯狂的想法他们从不吝啬鼓励，对于我那些不同于他人的结论，他们也非常乐于倾听我的分析。他们是我强大的后盾，他们的支持是我追求兴趣、不怕失败的信心和动力。我犯错时，他们从不唠叨，只和我分析该从中吸取哪些教训，让我避免再犯同样的错误。

佩奇·阿洛夫芬，马文斯－莫古尔斯咨询公司

我的父母常说不是只有上学才能接受教育，教育关乎好奇心、观察力和探索欲。他们还教导我要质疑规则，因为有些规则的制定是为了让事情保持不变，有些规则的制定者是不关心人民利益的官僚主义者。发生在我高中某个周一和周二时的一件事让我学会了在合理范围内打破规则。因为那两天上课的老师教课不认真，所以我觉得在学校学不到什么，我认为完全可以自学。父母表示只要我能充分利用学习时间，他们就对我逃学两天的事情不予追究。这让我学会自信地做出决定，即使这个决定并不符合标准和常理。当我把这件事讲给别人听时，他们好像都觉得太不可思议了，可这是我成长过程中很平常的事。

西提·梅赫塔，节奏108甜品店

未来的工作

○ 朱迪

小时候我的梦想是当超市收银员，我觉得那个工作很有趣。我喜欢扫描商品时"哔哔哔"的声音；我想要与顾客聊天，和他们讨论打算用购买的食材做什么美食；我还想从工作的超市里吃到免费食物，虽然我不确定这是否可以实现。

时光飞转至 2020 年，自 2017 年 1 月以来美国零售业工作岗位减少了 14 万个，自动售货机的出现导致了其中很大一部分比例的岗位减少，更不用提网上购物了。如果我一直将童年的志向坚持到毕业的话，我将会走上一个前景惨淡的工作岗位。

还记得 16 岁时我去找过学校的职业咨询师。如果当时我说我想要成为一名社交媒体管理者，我肯定会收到很多诧异的目光，因为那时根本没有这样一项工作，那时 Facebook（脸书）才刚刚创立，名字还是"TheFacebook"。然而才过去 6 年，我已经创建了自己的社交媒体公司。

当我和一些优步司机聊到自动驾驶时，他们的观点让我十分惊讶。尽管优步公司已经开始运营无人驾驶汽车了，但司机们竟然还认为在未来 20 年之内自动驾驶不会成为主流。

牛津大学 2013 年的一项研究曾预测，在未来 20 年里，美国 47% 现有的工作岗位将会被机器取代。工作岗位、市场需求以及对工作技能的要求都在飞速变化。人们应当学会将理想抱负与能创造多大价值、带来多少不同、获得多少乐趣联系起来。只把理想抱负与某一工作角色联系在一起是毫无意义的，因为也许将来这个工作已经不存在了。

行动建议：

　　🚀 当看到某个特定工作角色的人时，问孩子："你想做这件事吗？"

　　🚀 谈论日常工作中的角色，包括哪些有趣，哪些有挑战性。

　　🚀 就未来某一项工作该如何开展发起讨论。

　　🚀 提问题："机器人能做这项工作吗？"

　　我有个快乐的童年，和家人在一起的童年回忆很美好，但是我也清楚地知道父母工作非常辛苦，家里并不富裕。记得我 5 岁左右就在想，等我长大了能工作了，我一定要找一个酬劳最多的工作，于是我问父亲这样的工作是做什么的，父亲不假思索地告诉我是首相，所以还是个孩子的我就一直跟家人说我要当首相，他们听了都非常开心。多年之后我终于明白了，首相确实赚钱很多，但这个工作绝不仅仅是为了赚钱。现在回想起来，在进入投资银行工作之后，我依然过于看重金钱的地位。在退出这个行业开始创建 SBD 服装之后，我不再关注金钱了，而是想创造最好的产品，推广我热爱的运动，创建一个我为之骄傲并能传递我的价值观的品牌。

本·班克斯，服装品牌 SBD

从小父母就教导我去追求成功，而不是一定要成为企业家。但有意思的是，我们家 9 个孩子中有 6 个都选择了创业，而且其中 4 个人创业非常成功。从童年时期起我一直记得的一句话是"如果你为别人工作，你会很安逸，但如果你为自己工作，你会很富有"。

诺埃尔·法雷利，蒂尔尼集团

我 8 岁的侄女非常喜欢和我一起出现在我的工作平台里！我经营了一家在悉尼和纽约同步的播客公司，她经常直接出现，或者通过视频连线加入我的播客。当她遇到问题时，我教她如何处理。我们也会一起研究逆向工程。她知道除了成为一名员工，人生还有其他选择，我们也会谈论她将会如何进入一个尚不存在的领域并取得成就。

凯利·格洛弗，人才梯队

理查德·布兰森爵士

维珍集团创始人

2000年3月因"为创业服务"在白金汉宫被封为爵士。

布兰森小时候总是不愿和大人说话，躲在母亲身后抓着她的裙子不放。他的母亲伊芙担心这种羞怯会使他长大以后变得太过软弱，于是就通过一些有趣的方法来帮助他。据维珍网的一篇文章记载，伊芙曾告诉布兰森害羞是自私的表现，害羞表示你只想着自己，而不关心别人开心与否。为了让他走出自己的保护壳，他的母亲鼓励他和姐姐一起表演短剧，让他们在晚宴上负责招待朋友。

布兰森6岁时，有一次全家一起去附近的一个村庄买东西，返程途中母亲让他在离家还有5千米的地方下车。母亲告诉他如果他想自己找到回家的路就得主动与人交谈问路。过了好久布兰森终于回到了家，但是这次经历培养了布兰森面对挑战时的坚韧品质。布兰森说："我开始学会自然地与人交流，表达自己的想法了。"

布兰森认为他母亲的方法使他在生活和工作中勇往直前。他说："虽然有人说她的方法有问题，而且我也绝不会鼓励人们效仿，但这些方法确实让我学到了人生中最重要的一课：成长就是走出舒适区。"

永不言弃

○ 朱迪

在谢菲尔德大学读书时我加入了越野队。在越野跑、10 公里跑和半程马拉松的训练中，我们需要完成长短程混合跑、径赛训练、法特莱克训练和山路冲刺几个项目。谢菲尔德是个山城，我们全队都很讨厌山路训练，尤其讨厌下雨天的山路训练。绝不会有人觉得在倾盆大雨中，把自己从舒适温暖的学生宿舍拖出来跑到山上是有趣的事，当然我也如此。

越野跑教练才不在乎训练是在冷天、雨天还是在山地，他希望我们在任何天气条件下都能全身心投入训练，所以在山地训练过程中，跑步上山时他会让全队大喊"我们爱大山"，下雨时他会让全队大喊"我们爱雨天"。在整个训练过程中，我们得一遍又一遍地重复这些口号。这种做法让我们摒弃了只有好天气才能做某事的借口，让我们明白"下雨了"这种借口是多么愚蠢。这也确实使我们自觉地投入训练，不受外部环境的影响。

企业家蒂姆·费里斯在《巨人的工具》一书中写到了象棋大师、巴西柔术黑带高手乔希·维茨金，描述了他如何运用与现代育儿天气准则相反的做法来教他的儿子调节心理。维茨金发现有些父母只会用好或坏这样匮乏的标签性语言来描述天气，并根据天气的好坏来决定接下来的行动。维茨金说："我和杰克从未因风暴或雨雪而放弃外出玩耍，我们学会了很多赞美这种天气的词语，如果下雨了，杰克会说'爸爸你看，多么美妙的雨天啊！'然后我们会出去在雨中玩耍。"

如果每次下雨我们都躲在室内会怎样？如果把寒冷和炎热作为不做某事的借口会怎样？答案是我们就像温室里的花朵，只有环境适宜才能生存。我们将放弃信念，随波逐流。可我们本不该如此。

行动建议：

- 🚀 这种观点适用于企业家培养。前期很难有最佳条件，总会有一些政治动荡、汇率波动、办公环境糟糕等问题出现，但这些都不重要，也不该成为停止创业的借口。信念需要实践。

- 🚀 把誓言写下来，每句话都以"我保证我会……"开头。

- 🚀 在困境中发现乐趣。将快乐与挑战以及战胜挑战的感受联系起来，而不只与容易的事情联系在一起。

- 🚀 不把天气作为什么都不做的借口。

- 🚀 预先防范可能出现的情况，询问孩子们如果发生某事，他们会怎么做。

　　🚀 为可能发生的情况提出解决办法，如带雨伞、雨靴、刮冰器或太阳镜等。

　　🚀 帮助他们回顾自己坚持信念、克服困难之后所取得的成就。

　　不管天气如何，我父母一年四季都让我去室外玩耍，他们的说法是"没有坏天气，只有错衣服"（瑞典孩子常听到的一种普遍说法）。虽然我小时候很讨厌这句话，但后来我意识到了预先准备和配备正确工具的好处。这一做法对企业家保持领先地位是十分实用的。

尼克拉斯·英瓦尔，教学互动平台 Mentimeter

　　我教导我的孩子们要将 4 项原则熟记于心，我一直遵守这些原则，也鼓励我的孩子们以此规范自己。这 4 项原则是守时、说"请"和"谢谢"、言出必行、有始有终。很少有人能够一直做到这几点。

诺埃尔·法雷利，蒂尔尼集团

变不可控为可控

○ 朱迪

你在能够掌控和无法掌控这两种状态之间是有明显区别的。一切尽在掌控时，你觉得自己很强大，你掌控着一切，你能决定什么时候说什么、做什么。一旦事情超出掌控范围，你将感到无助、挫败、焦虑、无力。

如果能尽早辨别什么可控、什么不可控，便可以有针对性地采取行动，并更快地将"我想要"变为"我将要"。辨别两种状态的过程就是思考事情因果关系的过程。因为围绕可控的事情采取行动一定能够取得成果，但围绕不可控的事情采取行动却不一定会有结果，所以在这些事情上耗费精力毫无意义。

有一次我在圣迭戈市中心的一家海鲜饭店吃饭，邻桌坐了一家五口。除了最小的女儿点的奶昔，其他人的食物都上齐了。她跟她妈妈说想要喝奶昔，她妈妈和蔼温柔地问："那么你打算怎么做呢？"她妈妈尽力强调这件事情是在女儿可控制范围内的。

小女孩仔细思考了一会儿，表示她应该向服务员催一下奶昔，但她又有点儿紧张不敢自己问。她的妈妈又问她："那么你打算怎么做呢？"小女孩说她想先练习一下，所以她们母女二人一起演练了一遍小女孩该如何向服务员询问她的奶昔。小女孩一有了信心，就走过去找服务员询问了。服务员赶紧道歉说自己忘记了，

3 分钟后奶昔被端了上来。女孩的家人一起为她庆祝，因为她能自己想出解决办法并且有勇气向服务员提出问题。

这是一个很简单的问题，父母只需要温柔地询问，耐心地看孩子们练习。只要有合适的机会就请问问孩子："那么你打算怎么做呢？"

行动建议：

你能掌控的事情：

- 说什么。
- 如何回应。
- 学到多少。
- 读了多少。
- 玩了多少。
- 需要多少帮助。

无法掌控的事情：

- 天气。
- 别人对你说话的方式。
- 新闻里的事。
- 别人的行为。
- 车开得快慢。

上面的事例中有哪些是你能够围绕其采取行动的：

- 把"我希望是晴天"变为"我也要为下雨做准备"。
- 把"我希望考题简单些"变为"我要好好学习以便考

试时能答上所有问题"。

🚀 一家人要明确哪些事情可控、哪些事情不可控。

在我家里，大家非常重视个人责任和主观能动性。换句话说，父母告诉我们如果我们对某些事不喜欢或不赞同，我们有责任也有能力去改变它，小到觉得房子不整洁时自己收拾干净这种日常事务，大到组织学校志愿者活动这种重要事件。正是因为这种责任感和对自己能力的信心促使我不断做出改变，如今我才能成为企业家。创业的核心就是想要让世界有所不同，让世界变得更好。

尼古拉·巴尔迪科瓦，即时通信工具 Brosix

父母教育我要承担责任，采取行动，不要抱怨。如果犯了错，就从中吸取教训并改正。如果有些事超出了自己的能力范围，那就专心去做那些力所能及的事情。他们还告诉我，不要在没检讨自己之前就先去责备下属。问题的原因可能是员工没有接受到良好的培训，没得到该有的支持，或者他们不适合这个岗位，可是归根到底，原本我是可以控制事情的结果的。

特拉维斯·文格洛夫，播客团队 Fool & Scholar

别让自己陷入抱怨

○ 朱迪

我记得度假时，我住的那家酒店里有一位客人十分喜欢投诉。我看到他晚餐时投诉说他用餐的桌子不稳，第二天早餐时又听到他说他用早餐的那张桌子也不稳，到午饭时同样的事情又发生了。他真是热衷于抱怨投诉，对所有事情都要评论一番。

第二天我下楼吃早饭，发现少了一半的桌子，原来那些桌子都因"摇摇欲坠"而被搬走了。这下，那个投诉者只得排很久的队等候用餐，然后他又去投诉排队太久这件事。

如果你在旅游网站猫途鹰上查询英国的最高山——本尼维斯山，你会看到很多一星评论。其中一个差评抱怨说这座山"太高了，登山耗时太久"。有时候抱怨会很有趣，但大多数时候它会给人造成负担。

抱怨的一种定义是"消极地描述一件事或一个人，而不说明下一步该怎么解决问题"。

我们可能都有过这样的经历：身边总是有一个爱抱怨的人，当他们出现时，我们会感到异常消极。这种心态还会传染，与有着消极、无助心态的人相处太久会导致你内心声音的变化，而内心声音的变化则会导致思想、语言和行为上的变化。它会改变你的现在，从而改变你的过去和未来。

由英国政治家、首相本杰明·迪斯雷利提出的格言"永不抱怨，永不辩解"被很多英国高官奉为座右铭，从王室成员到海军上将，甚至包括后来的首相斯坦利·鲍德温和温斯顿·丘吉尔。

抱怨这一行为表明你很看重对某事的负面评判。你认为所有事物，甚至包括大山，都在等着我们去评判。但如果这些事物不需要我们评判呢？如果它们仅仅是存在而已呢？如果我们养成只看到事物本身而不形成观点的习惯——在任何情况下都只是欣然接受——会怎么样呢？发现问题进而解决问题是一回事，而大吵大闹发牢骚是另一回事。

行动建议：

当你意识到自己或者身边的人陷入抱怨时，以下两种方法可以让你摆脱抱怨：

🚀 一旦你意识到情况已经发生，要问自己："对于这件事你有解决办法吗？"这将使你把注意力转移到解决方案上，从而摆脱毫无益处的困扰。

🚀 换一种应对办法，相信我，总会有其他办法的。你可以用这张摇摇晃晃的桌子来做有趣的游戏，你可以转动它直到它自己停稳，或者在桌腿下垫上一些东西；你也可以把那座高山看作激发征服欲或者创造新的攀爬记录的途径。

我们有严格的抱怨管理规定，非必要的情况下我们从不谈论消极的事情。如果他们抱怨的话，只需要提醒他们一下，他们就会调整自己的行为。如果他们的诉求与抱怨相关，他们便会收到警告，下一步将会面临停职。

劳拉·亨特，拉什林纳有限责任公司

在我家里，如果小孩不想做家务或者不想做自己该做的事（比如自己穿衣服或者打开背包）并因此哭闹，他们就必须从家务罐子里再选一项事情心甘情愿地完成，否则的话，他们还得再选一项。

凯蒂·金博尔，厨房管理有限责任公司和儿童烹饪瑞尔福① 网络课程

应对抱怨的典型回复是"我会给你安排一些让你大哭的事"。

约翰·弗里格，我的补给店

---

① 瑞尔福（real food），指无添加剂、天然绿色的食物。——编者注

02 | 赢在未来的技巧
● 丹尼尔

"你上班都做些什么？"这是所有父母都会被问到的问题。相比之下，有些人回答起来会容易很多，例如消防员、警察和护士，他们能向 5 岁的小孩解释清楚这个问题，但"企业家"上班都做些什么呢？

"我构建一个愿景，承担商业风险，获取资源，创新产品，招募人才，进行销售，带领我的团队谋求更好的发展。"这是成年人都很难理解的答案，更不用说一个连金币为什么反倒没有纸币值钱都弄不明白的小孩了。

创业需要广泛而多样的能力，但归根到底，企业家需要做到三件最重要的事：

- 获得更多资源。
- 承担个人风险。
- 追求企业商业成功的创新。

如果只做到这三条中的两条并不符合创业精神。如果你能够获得资源也能承担个人风险，但并不追求商业成功，那你可能只是个变革者。如果你成功经营一家企业，也有很多资源，但对你来说并没有真正的风险，那你可能是一位商业领袖。如果你以现有的资源获利并承担风险，那你很可能是一位投资者。企业家是以上三点都能做到的人。

孩子们生来就能做到以上三条。可以肯定地说，婴儿从出生那天起就必须依靠获取外部资源才能生存。孩子们也是出色的冒险家，他们在追求目标的过程中毫不松懈。就算一周内摔倒一千次他们也不在意，他们会不断尝试，直到学会走路。一旦他们决心要得到什么，他们会无视警告，也不管这个东西离自己有多远。如果对他们放任不管，仅仅几分钟后你就会发现他们已经意识到情况的危险进而欣然接受风险了。

小孩子并非没有风险和回报的概念，但他们很快就懂得采取行动是能获得回报的。大人只需用一颗糖果贿赂孩子一次，孩子就会吃一种新的蔬菜，但是如果没有更多的糖果，孩子们是绝不会再吃的。你第一次在万圣节带孩子在附近闲逛时，就会看到他们放下所有恐惧，只关注奖品。

虽然创业听起来像是一个复杂的话题，但它与孩子的内心倾向非常契合，所以激发孩子的本能让他们掌握一些重要技能并非难事，等时机成熟时这些技能将会转化为孩子们的商业技能。

孩子自然会把父母视为一切资源的源泉，几乎任何涉及金钱、交通和监管的决定都需要父母和主要监护人的意见。因此，我们要多多鼓励孩子们转变思维方式，让他们变得足智多谋，自己做决定。

培养技能的过程就是提升孩子谋略水平的过程。他们将会探索到很多赚钱的方式、体系化的方法以及各种成功应对难题的策略。随着孩子的成长和技能发展，他们应该把父母看作是满足他们需求的一个可选资源，而不是唯一资源。

做事情绕过父母是很冒险的。孩子直接去问邻居是否需要雇他洗车是有风险的——邻居可能会说不需要，他们可能不是好人，他们可能对工作成果不满意，车也可能受到意外损坏。如果遇到这些事该怎么办呢？当孩子们学着自己工作赚钱时，作为父母，你能做的就是帮助孩子们准备好如何应对以上这些风险。如果你能做到位，那你就可以把风险降到最低，并让孩子们有所收获，孩子们也会因此而产生主人翁意识。

与现实世界互动并获得报酬可能是年轻人一生中感到最有力量的时刻之一。他们会因为做了有价值的事情从父母以外的人手中得到"真正的钱"而兴奋不已。我认识一些百万富翁，他们谈大生意时几乎连眼睛都不眨一下，但在谈到第一次获得报酬的经历时却兴高采烈——在他们心中，第一笔酬劳比任何数目的金钱都更有价值。

朱迪12岁时想养狗，于是她恳求父母给她买条小狗，并为此使出了书上写的各种招数哄父母开心。最后，作为条件，她父亲给她留了个任务，让她用幻灯片做一个"推介"。朱迪对此精心设计，重点介绍了小狗的可爱特点以及她认为应当提及的情感益处，但是她没有强调听众关心的一些关键问题，所以这个推介被否决了。

后来，朱迪发现她的表姐养了一只宠物狗——边境牧羊犬，朱迪很想知道表姐是如何得到的。原来表姐也被要求做过一个推介，但在推介中表姐重点创建了一个遛狗值日表，并坚决保证她会负责与狗相关的一切清理事宜。她解决了市场目标的后顾之忧，然后成功地入股了这个"四条腿的初创公司"。

如今，朱迪已经成为一个成功的企业家，运营着一家社交媒体公司。基于童年经历的宝贵经验，在不确定潜在客户的关注和需求之前，朱迪的团队从不向对方进行推介。朱迪明白"可爱的小狗"这种推销术语远远没有"谁会捡起便便"有效。

父母可以通过很多日常互动来培养孩子的创业技能。父母可以不断磨炼孩子那些重要技能，也可以停止培养某些技能。让孩子学会不讨价还价、不索要昂贵的物品、不和陌生人说话并不是难事，但是家长需要费心思考该如何培养孩子应对这些情景的技能。细微的小事也会很棘手，作为父母，我们整日忙碌，无法保证每次都能正确应对，但是我们的付出是有意义的。

我父亲经常用一些方法培养我的创业技能。几乎每次自驾旅行途中，他都会坚持听励志或与商业有关的磁带。有一次，在我大概 12 岁时，我们听了一盘与市场营销有关的磁带，那个演讲者谈到了明确的"触发行动"在所有营销要素中的重要性。这点燃了我们讨论的热情，我们一起分析开车经过的那些广告牌，看其中有多少符合这个标准。

几年之后，在一次会议上我再次听到了那盘磁带中演讲者的独特的声音。我做了自我介绍并给他讲述了我和父亲按照他的建议分析沿途广告牌的故事。我们一见如故，相约去喝了杯咖啡。那次畅谈使我决定搬到伦敦发展，在那里我遇到了我的妻子，开启了后来遍及全球的事业。我常常思考，这些细微的小事是如何影响我们的生活轨迹的。通常情况下，积极的想法和有用的技能会使我们朝着正确方向发展。

在本章中你将学到父母该如何培养孩子的创业技能，这涉及策略、销售、营销、储蓄、投资、推销、创新及人员管理等方面。无一例外，这些技能的培养往往从简单的小任务开始，逐步积累。许多世界级的成功企业家在 10 岁前就学会了第一堂商务课程。

尽管我很难准确描述出我为我孩子的工作做过哪些具体的事情，但我可以把一些有用的技巧分享给大家。看着孩子们在真实生活中参与互动、学习经验，并从中懂得"积跬步以至千里"的道理，作为父母，我十分欣慰。

从不熟练到精通

○ 朱迪

一项技能从不熟练到精通需要经历 4 个阶段：

- 无意识无能力：意识不到自己没有能力；很可能没有尝试过。
- 有意识无能力：意识到自己没有能力；或许已经尝试过一次。
- 有意识有能力：可以熟练地完成一件事情，但需要有意识地投入才能完成，处于熟练掌握某一技能的水平。
- 无意识有能力：对某件事情的娴熟程度就仿佛它是第二天性一般，处于精通某一技能的水平。

看到对某一技能处于无意识有能力水平的人时，我们常会心生敬佩，例如芭蕾舞者、音乐家、自信而高效的会议主持者、台上的发言人以及熟练讲课的老师。每个无意识有能力掌握某项技能的人，都是经过这 4 个阶段才最终达到精通水平的，每一阶段都需要实践，需要有意识的、明确的、有目的的实践。

就我个人而言，如果我想精通某样东西，我首先会确保自己能够全心投入于此。我会为此预留时间，把电话关机以免被打扰。全心投入才能让有意识的实践发展到无意识有能力的水平。

这在工作和闲暇中同样重要。不论在哪个岗位、担任哪种角色，随着时间积累你将达到专业水平，能够比从前更容易地解决出现的每一个难题。这种变化不是一下子产生的，它是不断发展的过程。在职场上，对工作内容擅长的人通常会在公司里一路晋升，成为主管或项目负责人。在创业中，精于制作工艺的人被奉为这个行业的专家，可以把自己的专业技能和生产相结合，建立一个商业集团。

无论是大人还是孩子，逐步精通某一技能的经历都会使他们信心倍增，继而学习、精通更多技能。回看自己的学习成果是很有意义的，这能让人明白其中的因果关系——积累确切的输入才会产出特定的输出。这是你将来可用的一个很好的例子，比如，你可能会说："那时你不想练小提琴但是后来又继续练了，你还通过了小提琴四级，为此你非常开心，你还记得吗？你可以的！"

《技术元素》的作者凯文·凯利，在68岁生日那天发表了一篇精彩的文章《给年轻人的68条建议》。关于"精通"，比"追寻你的梦想"或类似的内容更实用的一点建议是："如果你不知道你对何事怀有激情，追寻幸福感只会麻痹你。对大部分年轻人来说，更好的座右铭是'专注一件事，它可以是任何事'。通过专注一件事，你可以向带给你喜悦的方向延伸，最终会发现你的幸福在哪里。"

行动建议：

✦ 一起设定一个学习体系，可以与任何孩子们感兴趣的事物相关，如恐龙、火车、汽车、学校作业等。

✦ 上游泳课、音乐课，学骑自行车，或者练习控球。

✦ 不论是哪种运动都要持续练习，关注学习过程中的里程碑。

✦ 于练习前后录像。拿控球来说，有些人会在刚开始练习时录像，练习 10 分钟之后再录一段，练习 2 小时之后再录一段，然后可以看到在控球技能上取得的显著进步。

✦ 记录练习前后的情况。记录下某人第一天的技能水平，然后持续记录他的进步程度，这样就能获悉练习进度。

✦ 设定一个 30 天挑战计划。每天据此专心练习 30 分钟并记录所取得的进步。

　　小时候，父母鼓励我不断练习、提高舞蹈水平。他们告诉我即使跳错了也没关系，只要我能学会并改正过来就好。我觉得和姐姐一起练习舞蹈动作非常有趣，而且这也锻炼了我的舞蹈基本功和艺术表现力，我才得以进一步提升，最终有机会进入舞蹈行业。所以，尽最大努力，不要害怕出错，记住妈妈的那句话："勇敢地跳下去，接住你的网自会出现！"

杰茜卡·惠勒，埃尔姆赫斯特芭蕾舞学校

小时候我告诉父亲我想成为一名歌手，他说："那你需要有优秀的歌手偶像才行。"父亲认为我当时听的泡泡糖流行音乐不够好，所以他带回了一些玛丽亚·凯莉、惠特尼·休斯顿和席琳·迪翁的磁带。后来，我们也开始听克里斯蒂娜·阿奎莱拉的歌。父亲说："这才是真正会唱歌的女性，你应该成为她们这样的歌手。"她还告诉我玛丽亚·凯莉有严重的怯场症，但是她凭借惊人的好嗓音克服了这一点。这个故事着实让我印象深刻。这些女歌手都成了我心中的偶像，每当我唱歌时我就模仿她们。家人们还鼓励我唱给他们听，我那一大家子希腊亲戚来做客时父亲就会说："莉迪亚将来想要当歌手，她想唱歌给你们听。"然后我就会唱给大家听。现在，我一点儿都不害怕当众讲话或表演节目，一定是因为小时候的经历让我已经习以为常了。虽然我没有成为一名歌手，但音乐给了我巨大的勇气，音乐对我的帮助可能比我意识到的还要多。

莉迪娅·帕菲利波普洛斯－斯内普，沃里克街咖啡

从小父母就不让我只专注于某一项运动，而是鼓励我练习多种体育运动、参加不同的活动，这样我就可以获得大量的体验，并根

据天赋、乐趣和适合度选择一些我喜欢的项目。我认为尝试不同的事物是成为企业家的核心，因为你起初通常不知道自己真正的激情和使命是什么，而且即使你找到了创业方向，发展生意也需要具备丰富的知识和经验，这与成为某一领域的专家是完全不同的。

在我十四五岁开始做暑期工和有偿活动的时候，也有过类似的体会。我当过武术教练、酒保、服务生、活动组织者和商务英语会话老师，最后一个工作是帮一个西班牙商人练习英语，他不想支付全价教师那么高的费用来提高英语流利程度。在这份工作中，18 岁的我需要懂得保险和再保险的相关知识，这些知识虽然很难，却很有趣。参加各种活动、涉足不同领域激发了我的好奇心，也成就了今天的我。我真的很感激我的母亲总是鼓励我体验新事物，不惧怕未知。

乔纳森·埃什利曼，数字化零售商 DIV

对学习能力和掌握能力的培养是独立于你所学习和掌握的内容本身的。这就是学音乐有用论的原因所在。它可以教会你如何学习、如何达到掌握。如果你知道怎么学音乐，你就知道怎么学其他东西。不管你的孩子迷上了什么，鼓励他们深入练习，无论是滑板、跳舞、表演，还是其他，如果能学会如何掌握一件事情，也就学会了如何掌握其他事情。

德里克·西韦尔斯，个人网站 sive.rs

成为"点子机器"

○ 朱迪

好点子可以为你打开未来世界的大门，对所有年龄段的人来说这都是十分重要的技能。詹姆斯·阿图彻在他的著作《别忘你也曾野心勃勃》一书中提出了点子是货币的一种形式这一概念。我在经营社交媒体公司时切实认识到了这一点。在一次销售过程中，我们的每一个竞争对手在展示、经验及会议表现方面都与我们势均力敌，是我们提出的点子为我们稳稳地赢得了新客户。这就是我们团队的重心：想出比其他人更好的点子。

阿图彻在书中进一步解释了如何成为他所谓的"点子机器"，让自己更擅长于此。简而言之，就是每天都要练习想出 10 个好点子，可以是关于任何方面的。你不用记录这些点子，也不必亲身践行，这个练习的神奇之处是练习过程本身。你可以想想微博该写些什么、可以计划本周六要干什么，也可以思考本杰瑞公司怎样才能卖掉更多的冰激凌。重要的不是这些点子的内容，重要的是你每天都持续练习想出 10 个点子。为什么一定要想出 10 个呢？因为前四五个通常很容易想出，到第六七个和最后几个时，你的思考能力才能得到真正的锻炼和提升。

你开始得越早，你这个点子机器的性能就会越好。此外，对每个点子的可行性进行后续讨论有助于形成决策框架。

行动建议：

想出以下 10 个点子：

✎ 这个周末去哪里。

✎ 如何使奶奶的生日特别一些。

✎ 让卧室保持整洁的方法。

✎ 这周的早餐。

✎ 你能发明的电脑游戏。

✎ 你可以步行去学校的路线。

✎ 可写的睡前故事。

✎ 下雨天的户外活动。

✎ 当地便利店如何吸引更多顾客。

✎ 这么温暖的天气应该做点儿什么。

我经常鼓励我 11 岁的女儿对周围的产品和服务多加思考，然后我们一起讨论广告创意。我会和她谈论那些对我的生意没奏效的点子，并分享我从中吸取的教训。我希望教会孩子适应环境和独立思考的能力，这是成为企业家的重要技能。

莉比·詹姆斯，商户咨询服务公司

我的父亲是移民，他无意中将我培养成了企业家。他总带着我和弟弟玩一种名为"你要在那开展什么生意"的驾驶游戏。我们会开车经过废弃的广场和空地，然后他会让我考虑一下周围的环境并在那里开展一项生意。如果我偷懒回答了一些类似"一家餐馆"这种常见答案的话，他就会生气地哑哑嘴，让我进行详细说明——哪种类型，正式的还是非正式的，特许经营的还是新式的，等等。

琳达·科雷亚·佩拉尔塔，口袋调色板

我成长于一个企业家家庭，我一直铭记在心、让我厚植创业精神的一课是"你必须有首创精神"。每个人都能想出一些好点子，这些点子只要推行得当便可以带来巨大的利益，但很少有人会把握先机克服困难，去落实这些点子。我父亲过去常说："只有被付诸实践的点子才是好点子。"如果不付诸实践，它就只是个点子，你永远不知道它将产生怎样的结果、是否能成功。

我的父母不仅总是乐于讨论该如何开展新业务，还勇于将这些想法付诸实践，我亲眼见证了这整个过程。他们也不是每个想法都能成功，但企业家原本就不必事事都成功，而是要努力使自己的想法得以成功实现。

雅各布·威尔，法学院毕业生

萨拉·戴维斯

大英帝国员佐勋章获得者

工匠伴侣有限公司创始人

英国广播公司二套《龙穴》节目里最年轻的企业家

戴维斯成长于英格兰东北部的一个小村庄里，他的父母都是生意人，但因为觉得"企业家"这个词太大、太高调了，他们都不愿这样称呼自己。她回忆说父亲似乎每年都会有新的经营创意，从售卖双层玻璃到开自行车商店，涉足各个领域。在父亲的自行车店里，萨拉和姐姐每清理干净一个车轮的锈迹便能得到 20 便士。

戴维斯和姐姐参与到父母的所有生意中，她从小就把做生意看作是生活的一部分，每周 7 天、每天 24 小时的投入已经使生意成了她性格和生命中的重要组成部分。尽管戴维斯小时候一直想要当一名历史老师，但她还是在普通中等教育阶段学习了商务课程。她说，虽然自己那时只有十几岁，但是经商对她来说并不难，经商就是生活常识。她很喜欢和父亲谈论生意上的事，这可以让她更多地了解自己的生活情景。看到父母艰苦创业的情形，她非常激动，而且她自己也从不畏惧艰难的任务。18 岁时，她不再想当历史老师了，她决定经商。

戴维斯选择了约克大学的商务专业，打算将自己所学的知识应用到家族的各个产业中。这期间她在一家小型手工艺公司工作过一年，这段经历使她大开眼界。戴维斯将她在学校学到的模式和流程推行到她的经营中，直到现在她还记得她被那些经商方式深深吸引的感觉。

培养商业意识

○ 朱迪

许多公司都会在"使命宣言"中阐明他们要做什么、为什么这样做,这可以明确公司发展的主要方向,加强内部团结,也可以让客户更好地理解公司定位。以一些知名公司为例:

- 特斯拉:加速世界向可持续能源的转变。
- 宜家:为大众创造更加美好的日常生活。
- TED 演讲:传播思想。
- 苹果:通过创新硬件、软件和服务,为消费者带来最佳的用户体验。

对于规模较小、知名度较低的企业来说,他们也许没有清晰地传达使命宣言,但不代表没有,例如:

- 提供人们需要的服务。
- 解决问题。
- 完成更大的使命。
- 为特定人群创造特定产品。

　　了解一个企业要做什么，才能点燃思考的火花，才能明确需要发展哪些业务，以及哪些业务有可能成功。也许这种思考过程将帮助你的子女创立下一个特斯拉或苹果。

　　讨论以下主题可以使人在不知不觉中快速形成商业意识，这种商业意识就是创业思维的基础。

行动建议：

　　想出你接触最多的 5 家企业，看是否能找到他们的使命宣言。请讨论：

　　✐ 他们是否成功完成了使命。

　　✐ 任何可供选择的建议。

　　在咖啡馆、餐厅、酒吧、电影院、商店或工作场所等地时，请讨论：

　　✐ 那里的生意是干什么的。

　　✐ 目标客户是谁、为什么对客户来说很重要。

　　✐ 如何提供更好的服务。

　　✐ 如果你是老板你会做出哪些改变。

　　✐ 你是否想要拥有这样的一个生意（为什么或为什么不）。

接受他人（如理发师或清洁工）的服务时，请讨论：

- 这个人的工作内容是什么，服务对象是谁？

- 谁为这个人的工作支付报酬？

- 如果这个人不在这里工作了，会发生什么？

- 如果这个人做得不好，会发生什么？

想想你常走的路线、当地的商业街或城镇，请讨论：

- 你希望在你的路线尽头有哪些店，为什么？

- 你在那里购物的频率如何？

- 还有谁会在那里购物？

- 这家店能在那里经营很久吗？

- 人们去那里购物需要走多远的路？

　　我认为向孩子灌输创业精神的第一步是确保他们了解世界上正在发生的事情，这样他们才能知道自己对什么事情有热情。我们每天都会收到纸质版的报纸，一回家我们就根据报纸内容开展家庭讨论。我会和女儿们一起看照片，给她们讲述当天的头条新闻，我们通常会挑选一些有食物、旅游、零售和房屋图片的故事，一起探讨这些公司力图解决哪些问题，并询问她们这样做好不好。

吉米·格林，在线会计软件 Intuit QuickBooks

作为一名小企业主，我很幸运，我有很多亲身经历可以和孩子们分享。从完成订单到市场营销，再到客户服务，孩子们能够看到并理解每一个部分是如何结合在一起的，每一个方面都对企业经营的成功至关重要。

金，妈妈爪哇咖啡

我父亲自己开了家会计公司，他总是愿意投资那些非常独特的点子。他的客户也都是企业家，我们两人会谈论这些客户是做什么的，探讨他们是如何成为客户的。我小时候就对商业产生了浓厚的兴趣，所以我想要成为像父亲一样的人。因为他总是在车里用车载电话谈生意，下班后回到家里也会工作到很晚，所以我了解他的工作内容，总询问他的客户在说什么，这也促使我成为一名商人。

丹·瓦赫特尔，港湾资本合伙公司

看到真正的需求

○ 朱迪

我将永远记得我的经济学老师在课堂上一遍又一遍地说"供给与需求"。尽管他故意用一种搞笑的方式说，但还是表明了供需是经济学的一个基本概念，也是商业的一个基本概念。

没有供给和需求，就没有商业。我真的认为每个人都应该掌握这个概念，所以我们在《聪明的泰克斯》的一个故事中专门用了一个章节来解释它。在《编程的科迪》中，奇普老师向计算机俱乐部的成员解释说，首要任务是创造人们想要购买的东西。他以一家电脑游戏公司为例，这家公司生产的游戏非常受欢迎，每当新版本发布时，电子游戏商店外都会排起长队。

要知道有产品或服务就必然有需求或市场，这是制订商业企划的基础。知道谁想要那个产品便能确定目标受众，这将使你更深入地了解商业领域。

无论是自己经营公司还是受雇于某家公司，商业意识都非常重要。它能让人们做出更好的决策，为公司或公司员工谋求更好的发展。在我的公司里，拥有商业意识是指人们能够基于对公司运营宗旨的充分理解而提出精心策划的发展方向。

需求并不总是显而易见的，我们可能需要进行深入思考。尝试解决以下问题：

我想吃些甜的东西，所以我去了超市的水果区，在橙子和小柑橘之间进行选择。

橙子比小柑橘便宜。橙子比小柑橘大。

橙子比小柑橘好吃。但是我买了小柑橘。为什么？

（答案见下面的行动建议部分。）

行动建议：

以下是日常生活中可用来讨论关于供需和商业意识的例子。我在每一个问题下面都给出了一些关于答案和讨论要点的建议，有些建议不是很详尽，你也可以从不同角度展开对话。

✎ 我们为什么排队？

✎ 怎样才能缩短排队的队伍呢？

✎ 人们还有其他选择可以买到自己需要的东西吗？

✎ 人们为什么选择这家商店？

建议：人们做好了购物时排队的准备，或许他们已经在商店里逛了一圈了；可以通过增设一个收银台、延长营业时间或加快服务速度来缩短等待队伍；人们可以在其他地方或网上购买；他们选择这家商店，可能是因为它离家或工作地点近，或者因为商店的声誉良好。

✦ 为什么天气热的时候人们想吃冰激凌？

✦ 冰激凌车在冬天有什么用途？

✦ 如何确定冰激凌车该准备多少冰激凌？

建议：他们想吃冰激凌也许是因为想凉快一下，也许是因为其他人在吃；冬天时，他们可以卖热饮或热食，或者去一个温暖的地方经营；他们可以基于去年的销售额或天气预报进行预测。

✦ 一个音乐老师每周能上几节课？

✦ 他们如何才能面向更多的学生？

✦ 他们怎样能赚到更多的钱？

建议：缩短课间休息时间，延长每天工作时间，在家里上课或开设多人课堂，出售音乐书籍，学习更多的乐器，开设网课或向学生收取更高的费用。

"橙子和小柑橘"的答案：因为小柑橘更容易剥皮。而这一价值超过了价格、大小和口味因素。

为了帮助我 17 岁的女儿理解经商，每当她提出一个商业想法时，我都会带她完成所有步骤，看看这个想法是否可行、是否能赚钱。我们讨论谁将购买这个产品或服务，在这个产品或服务存在之前客户是怎么做的，以及她认为人们想购买的真实原因。进而，我们讨论生产成本和营销成本，并试着确定每件事的分工以确保生意成功。当然，我告诉她，如果我们能规划好这一切，我就会投资并帮助她。一旦她意识到这样做所需要的调研、准备和努力工作有多庞大，她往往就会放弃这个想法。这种情况大约每四个月重复一次。

马蒂·舒尔茨，"蒙眼游戏"应用程序开发公司

当我的两个儿子看到一家公司的时候，不管是附近的小公司，还是我们在广告中看到的大中型公司，我都鼓励他们问"为什么"。我们玩"4P"游戏，通过产品、价格、地点和促销来分解一个业务，看看这几部分是如何协同运作的。这让我们明白数学是如何在日常生活中发挥作用的，即一项生意每天、每周、每月需要卖出多少才能实现收支平衡。

克林特·怀特，传媒公司 WiT

　　我家开了一个卖三明治的餐馆。初中三年，我每天都会给自己做午餐。和你们通常做的一样，我会把一个大三明治切成两半，这样吃起来更容易。但是，我也把一半的三明治再切成3部分。因为学校食堂的午餐很难吃，所以我可以很轻易地卖掉我的一半午餐，那3小份中的每一份均以2美元售出。我以6美元的价格卖掉了半个三明治，但在校外这是整个三明治的价格。

　　因为是限量供应，所以我在学校食堂里出售的三明治价值更高。只有三个人能吃到三明治，而其他人都只能吃学校食堂提供的不明肉食。在学校食堂之外的地方，这几乎是无限量供应的。任何人都可以在餐馆前停下来，花大约6美元买一个大三明治。但是，在学校里，我以同样的6美元卖掉了那个三明治的一半。在中学时期开始卖三明治之前，我最开始是在小学时期的公交车上卖糖果。我在会员俱乐部买了一大包糖果，每块卖0.25美元。在这件事上，我也是利用供给和需求关系让我的钱翻了两三倍。这些并不是父母明确教给我的，而是成长于一个企业家家庭的意外收获。上六年级之前，我就计算食品成本、阅读损益报告，并在电子表格中开发记账系统了。在我了解什么是供需关系之前，我已经应用它很多年了。

弗兰克·琼斯，营销公司 OptSus

每天整理感恩日记

○ 朱迪

我记得我写过一篇假期日记。那是一张 A4 纸，页面的上半部分是空白，下半部分是横线。我在页面上半部分画出我那天所做的事情，并在下半部分做了解释说明。我非常喜欢思考做过的事情、取得的成绩或学到的东西，然后把它们转换成图片和文字说明。

现在我意识到，每天坚持写日记可以帮助我回顾每天的收获，让我珍惜每一天。于是，在我的潜意识里，每一天都必须有意义，否则我就没有什么可写的了。这也促使我与他人探讨我明天想做什么，我可以用什么其他方式来度过时光，以及我是否喜欢这一天发生的事情。换句话说，我对自己的日常生活更上心，学会了自己做决定。

每天写日记也能培养感恩之心。我总是会关注每天发生的好事——那些令我开心或发人深思的事情。大量的记载显示，学会感恩能够减轻压力，有益于健康。企业家阿里安娜·赫芬顿在《茁壮成长》一书中写道："一项来自明尼苏达大学和佛罗里达大学的研究显示，在一天结束时让参与者列出当天的积极事件，以及为什么这些事情让他们感到开心，能够降低他们的压力自评等级，让他们在夜里有更明显的平静感。"

因为写日记和学习感恩可以训练大脑专注于积极的事情，帮助人们活在当下，而不是沉溺于过去或未来，从而为人们的日常生活打下坚实的基础。想象一下，如果一个人在小时候就能这样做，这对他日后创造一个幸福美满的未来将有多么大的帮助。

行动建议：

🚀 列出每天的事情，回顾一遍。问自己一些问题，比如"今天喜欢做的事情有哪些"以及"今天学到了什么"。

🚀 每晚睡觉前，列出最感激的三件事。可以是当天遇见的人、走过的地方或经历的事，可以是大自然的某些方面，也可以是发生在其他人身上的好事，甚至是天气。

🚀 下一步，在将来能够再次读到的地方写下每天"让我感激的三件事"。

🚀 讨论为什么即使犯了错误或事情没有按计划进行，你也仍要心存感激。（答案可能包括"这是吸取教训的机会""是下次做得更好的机会"或"做别的事情的机会"。）

女儿和我在每天结束的时候都进行"汇报"。我们会谈论我在白天做了什么，和谁开会，会议是关于什么的，我为什么去开会，以及我是否遇到了新朋友。还包括我创造了什么新东西，一个博客帖子、一个社交媒体帖子、一个新的合作、一个播客，这些都要"汇报"。让孩子们知道妈妈不只是离开，去了一个他们完全没有概念的、叫作"工作"的地方，我认为这非常重要。反过来，她也经常告诉我，她和她的"娃娃"或朋友开会了，他们讨论了非常重要的工作，他们创造了一件人们乐于收到的艺术品或图画！

科里妮·伍德曼－霍劳贝克，管理咨询公司 Contracted Leadership

我小时候经常记日记。它让我意识到什么是我所重视的，什么对我来说是真实的。我认为，有机会重读自己的经历和想法是很好的情绪管理方式。

卡利娜·斯托亚诺娃，独立时尚博主

我认为写日记能让我表达出那些我觉得周围的人永远无法理解的内心想法。我曾以为我不会把生活中我想做的事情写出来，但写出来之后我感到解脱，这打开了我创造性思维的大门。

沙利纳·布赫，营销公司 Time As This

萨拉·布雷克里

美国知名内衣品牌 Spanx 创始人

2012 年，《福布斯》杂志称 41 岁的她是世界上最年轻的白手起家的女性亿万富翁。

当萨拉第一次与朋友和家人提到塑身裤的概念时，"他们看起来吓坏了"。每天晚饭时，父亲都会邀请萨拉和她的哥哥分享他们这一天里的失败经历。他从不为此感到失望、生气或沮丧，而是为他们的努力喝彩。萨拉告诉商业内幕网说："这让我重新定义了失败。"

"对我而言，失败是指不去尝试，而无关结果……每当事情没有如我所愿，或者我身陷窘境时，爸爸就会鼓励我写下得到了哪些额外收获、吸取了哪些经验。我开始明白，每件事情都蕴含着不可错过的宝藏。"

在开始之前规划

○ 朱迪

从我记事起，每次远行我都会自己收拾行李。第一次自己收拾行李时我大概 4 岁。我知道我们第二天要去旅行，妈妈让我打包自己的东西，以便我能准备好我所需要的一切。对我来说，这很平常。除了自己，还能让谁来打包呢？

直到现在我才意识到这并不平常，我认真思考过它在成长过程中带给我的收获。

也许这听起来并不是什么会改变人生的大事，只是打包旅行行李而已，但从小这样的培养，让我学会了我现在用到的所有技能。它教会了我如何规划未来，即使这个未来只是在奶奶家过一个周末。它教会了我如何在有限的条件下工作。行李箱就那么大，姐姐的箱子里肯定也没有多余的地方了。它教会了我批判性思维。我将要做什么，我需要什么，我要优先考虑哪些，我需要舍弃什么……它教会了我独立自主，因为没有人会替我做决定。这也让我学会了从那些在旅行打包时所犯的错误中吸取教训。

如今回想起来，我认为这是我能够在生活和工作中取得所有成就的一个重要因素。每一个里程碑、每一个奖励、每一个成功都可以归结为这件事情：当我还是个小孩子的时候，每次全家去度假，妈妈都会让我自己收拾行李。

行动建议：

🚀 写下打包清单。让孩子列出自己需要什么，然后根据这个清单打包。

🚀 反复试验。让孩子独立打包行李，看看他们做得如何。

🚀 在把东西装进箱子之前，让他们把所有东西都放在地上。

🚀 提问。"什么情况下他们会用到自己挑选的物品？""有其他东西可以替代吗？"

🚀 每次认真打包好行李以后，写一个箱内物品的清单，作为下次打包时的参考。

🚀 学会做决定。作为成年人，我们不会打包太多东西，因为我们得自己搬箱子。思考如何使孩子们所做的决定与他们未来的责任关联起来。

我让我儿子参与与金钱相关的讨论。带他去洛杉矶度假时，旅馆的停车费是每晚 40 美元，我们酒店旁边有一个停车场，每晚收费 15 美元。于是我把车停在酒店旁边的停车场。因为得走着去旅馆，瑞安抱怨连连。我解释说，把车停在隔壁停车场可以便宜25 美元，这样 6 天就能节省 150 美元，这意味着度假时我可以多花 150 美元买些好玩的东西。听完，瑞安也赞同我这样做。每当我们去度假时，我都会提前给瑞安一笔钱，这样他想买什么就能买什么。我负责食物和酒店这种基本的花销，但如果他想要买玩具或游戏，他就得预算好自己的钱，决定好买什么。而且他必须自己全额支付，这意味着他必须计算出加上税金（我帮他计算这部分）后这件东西共需多少钱，然后付钱给收银员，并确保自己拿回了该拿的零钱。

亚历山德拉·艾克森，欧肯那根湖房地产有限公司

　　我成长于一个宗教氛围浓厚的家庭，其中一条家规就是我不能在周日使用电脑。我上午要去教堂，回家时特别希望能玩一下午《席德·梅尔的殖民时代》，这是当时人手必备的一款战略游戏，但这天我不能玩，所以我就只能探索其他方式。在一周中的其他时候，我会记录下游戏里的内容，等到周日，我就花一整天的时

间钻研我的笔记和135页的游戏手册，规划出在未来一周里我可以探索的所有可能的组合和战略。

随着我的爱好从游戏转向编程，我又向前迈进了一步，我会在周日下午编写完整的程序，然后在周一放学回家后立即将其打印出来。其实，我真的很喜欢这种方法！在我完成计算机科学学位的那个年代，学生还买不起笔记本电脑，我总是坐在我最喜欢的咖啡店里，在A4纸上写下我那长达400个文件的毕业设计，然后晚上再到实验室打印出来。直到今天，我还是会尽量延迟我的软件编程时间，先让程序在我的脑海中成形，然后再敲到电脑上。

这对我的另一个重要影响是，作为商人，我会在开始之前认真地规划细节。我总是先深入规划出长期战略，而不是事到临头才做出反应。其实，每周不得不停下来花一天的时间去思考和计划的方法，很大程度上影响着我的思考方式，我认为这是一个巨大的积极因素。我想，10岁时的我就明白了这个道理！

杰里米·沃克，丘脑人工智能

从容应对语音通话

○ 朱迪

　　企业家必须是优秀的沟通者，沟通是他们工作中最重要的部分。推销、销售、领导团队、与客户和合作伙伴建立良好的关系都离不开沟通。学会如何在电话中出色交谈是培养这种沟通能力的一部分。

　　每当家里的电话响起时，大家都很兴奋。一听到铃声，我们就都参与到这场比赛中去，第一个人会一边大喊着"我来拿"，一边跑向听筒。我们喜欢有人打电话与我们说说话，我们很想知道是谁打来的。

　　大多数时候，打电话的人都是妈妈的朋友。我们没有来电显示，所以在他们不说话的情况下，我根本不知道这是谁打的电话。但当我接起电话时，他们在问"你妈妈在吗"之前，总是会问问我最近怎么样，与我聊聊学校、爱好或宠物。和成年人交谈是很平常的事，接电话也不是什么大事。

　　自从创业以来，我遇到过（也雇用过）一些人，他们特别不喜欢接电话或讲电话，尤其是在有其他人在场的情况下。2019年一项关于英国办公室职员的调查发现，40%的婴儿潮一代和70%的千禧一代在电话响时会感到焦虑。可能你自身也有这种体会。要想永远不打电话，只躲在电子邮件和社交软件背后并不是难事。

但是，只有讲电话和面对面的接触才能真正帮助你了解那些可能成为你客户和同事的人。

如果没有来电显示，我们就不知道是谁打来的，可能每个人都会因此而感到焦虑。是谁呢？他们为什么打电话来？他们想要什么？即使有来电显示，我们可能也不知道来电的原因。因此，能够自信地接听电话和处理对方提出的要求可以培养人们的准备技能和快速思考的能力，这值得努力学习。

接电话是一回事，打电话则是另一回事。虽然我知道没有人喜欢"无预约电话"，但能够拨打电话、清楚地传达或询问必要的信息，不仅对创业者来说至关重要，也是日常生活中的必备技能。预约医生等常规通话是在避免出大差错的情况下可进行的有价值的练习。记得我每次去看医生时，我都是自己打电话预约。还有谁能帮我预约呢？现在我明白了，母亲是通过这个方式让我建立自信，变得独立。

行动建议：

培养接、打电话的信心：

- 教他们按哪个按钮来接听和挂断。
- 让他们自己选择铃声。

✦ 练习不同的问候语，这样他们就可以使用他们最喜欢的那句。

✦ 轻描淡写——接听电话不是什么重要的事。

✦ 练习对话。角色扮演电话响起和接电话的情节，轮流扮演打电话的人。

✦ 支持他们。开始几次使用扩音器，直到他们建立起自信心。

✦ 告诉朋友你们正在练习打电话的技能，这样当你的子女接电话时，朋友们能够配合练习。

✦ 考虑到每一种可能性。在他们把手机递给你之前，教他们如何传话或说什么。

✦ 从小事做起。首先帮助他们练习日常预约医生或牙医。

小时候，父母就鼓励我们接电话和打电话。记得我 9 岁时，母亲住院了，我想给母亲打电话说说话，父亲说我得自己打这个电话。我需要先打给医院的前台，告诉他们我母亲的名字和房间号，表明要和她通话。那时，我觉得这是一段可怕的经历，但通过这样定期的对话练习，我变得很有信心，能够与成年人交谈并收集我所需要的信息。

梅里尔·约翰斯顿，豆忍者电子商务会计师事务所

在电话响起时接电话是我的职责。这让我意识到与陌生人交谈和掌控对话的价值。我和哥哥小时候还负责在餐馆点菜下单。我记得在定居澳大利亚前，也就是我6岁的时候，我们曾开车横跨美国。每当我们抵达一个汽车旅馆时，我和我哥哥的职责就是上楼询问他们是否有房间过夜、房价是多少。

马克·克拉克，澳大利亚昆士兰州的关键影响力人物

我记得我小时候对手机很着迷。那时候的电话还是很老式的拨号盘，拨越大的数字越费力。父母经常因为我总是随机给别人拨电话而被逗笑——我那时完全没有电话簿的概念。后来，我很喜欢扮演"电话管家"的角色，给父母捎口信。十几岁的时候，我做过一份市场调查助理的兼职工作，在这份工作中，我必须给人们打电话进行电话访谈。我需要说服那些先前拒绝的人来参加我们的研究，这真的很有趣，我喜欢这种挑战。

萨拜因·哈诺，"从零开始"文案编写机构

做好时间管理

○ 朱迪

在我写的文章中，最受欢迎的一篇是《别以为你可以长生不老》。成年以后，我们越来越清楚地意识到我们在地球上所剩的时间正在迅速减少。童年时的我们，对此完全没有概念。

一方面，我们以为时光没有尽头，自己能拥有大把的时间，认为无忧无虑地生活是一件美妙的事情。然而，另一方面，不把时间看作有限的资源真的会导致时间的浪费。

我曾经在书中读到过这样一位父亲，他每天提醒自己："总有一天她要去上大学。"后来他的女儿上了大学，他很庆幸自己充分利用了和女儿在一起的时间。18 年真的是一晃而过。

真正的善于规划是指在所有方面都充分利用时间。这会让你有意识地决定如何分配时间，而不必在时间消逝之后感到怅然若失。你不必像规划短途旅行或工作职责那样把日程表写得满满当当，仅是意识到自己每周有多长时间是可利用的，都是很有用的练习。

在《聪明的泰克斯》系列中的《遛狗的薇洛》这本故事书里，薇洛开展了遛狗的生意，她用日程表来安排顾客。这样，薇洛就不再觉得一切混乱又失控了，她可以决定这一天的日程，成为自己时间的主人。

行动建议:

🚀 在冰箱上或其他每个人都能看到的地方展示一周计划,并鼓励大家都参与计划制订。

🚀 给孩子一份专属日历,让他们在日历上写下想做的事情。

🚀 和孩子谈谈他们列出的所有事情以及他们可以如何规划这些事情。

🚀 提出建议。"我们什么时候去散步?""星期四晚饭你想吃什么?""我们如何提前为这件事做准备?"

🚀 预留更多的时间。包括旅行时间、加油休息时间,并留出足够的时间来拓展活动。

🚀 探讨取舍,让他们明白如果你选择做这件事,就意味着你要放弃另一件事。

时间管理是一种很少有人主动传授的技能。给孩子一份专属日历来记录家庭活动、学校项目截止日期和课外活动，可以提升其管理技能，从而学会如何规划自己的任务和职责。应教会孩子为将来做打算，而不仅仅是关注眼前。除了时间管理之外，让孩子明白现在的行为会对日后产生影响，因而也是极为重要的。和孩子们一起提前为下周做规划，看看他们现在能做些什么来减轻后期的负担。

英格·埃伦·尼古拉森，尼基塔发廊

我还教会他们如何平衡。让他们观察我如何平衡发展事业和陪伴子女这两件事，据此学会创业生活中非常重要的一课——努力工作，尽情玩乐。他们会看到我放下笔记本，离开电脑，和他们一起出去玩——我相信这将有助于培养全面发展的未来企业家！

金，妈妈爪哇咖啡

赋予自己更多责任

○ 朱迪

承担责任就是肩负起任务并保证出色完成。承担责任也意味着想要负责一件事，而不是让别人为自己做这件事。虽然有些人似乎天生就愿意承担更多的责任，但我相信这也是可以后天培养的。责任建立在独立的基础上，独立赋予责任目标和方向。

独立与责任：

- 独立是能够自己从学校走回家。责任是走正确的路线。
- 独立是自己打包行李。责任是将行李打包得很好。
- 独立是让你自己做决定。责任是做正确的决定。

我发现，和别人一起工作时，一个人能做的最有价值的事情之一就是说出自己要做的事情。在任何职业中，那些能够付诸实践和彰显责任的人，正是被赋予更多责任的人。

作为一名企业家，没有人会为了你生意的成功去跟进你是否完成了工作、打了电话或委派了任务。如果你不担负起责任，不将你头脑中的伟大想法变成现实，那这些想法就只是想法。担负起这些责任，你将会拥有一份热爱的事业，拥有名望，在工作和生活中获得成功。即使一个人的未来志向并不涉及重大的责任，责任感也会促使他们将自己选择的事业做到极致，从而获得更高的满足感，取得更好的成果。逃避责任将会丢掉生意，导致公司运营不善，甚至更糟。如果你担负一项职责，却不采取行动负责到底，那将会产生严重的后果。

行动建议：

孩子从小在家里或外出时都可以练习这些任务：

🚀 完全担负起一项任务。

🚀 完成一些工作。

🚀 对一项工作的成功与否负起责任。

🚀 培养韧性，承担起克服困难的责任。

🚀 担负起一项长期的职责。

一些有助于培养孩子责任感的方法：

🚀 榜样的责任。给孩子们讲述你在确保完成某事的过程中所承担的责任。探讨你为什么做这件事、你所做的事情是什么。

🚀 练习句型"如果这样，那么怎样"。如果挡风玻璃上有冰，那么需要怎么做？如果我们离开房子，那么我们怎么确保房子的安全？

> ✒ 让孩子帮你分担职责，越早开始越好。叠床单是一项两个人的工作，摆桌子、做饭或打扫也是一样。
>
> ✒ 对结果要有耐心。最重要的是完成任务，其次才是任务完成得如何。注意不要过分关注完美而忽略了完成任务的重要性。
>
> ✒ 明确分派给孩子一些事并让他们负责，比如照料一棵植物或完成一项家务，如果他们年龄允许，甚至可以让他们照顾一个弟弟或妹妹。给孩子分配任务和责任并持续跟进，可以促使他们认真投入其中并完成这件事。更好的方法是在没有提示的情况下促使他们主动想出需要做什么，并为之承担责任。

　　小时候，我的父母是保守的创业者。他们都有全职的专职工作，同时又开了两家自助洗车店作为副业。每当我们在学校遇到学习或学校政策方面的问题时，父亲就会说："不要让其他普通人告诉你该如何生活。如果你不喜欢，那就做点儿什么去改变它。"于是我照做了。我拟定了请愿书要求更换校服，我还组织了一场募捐活动，尽管有人告诉我这对于一个十几岁的孩子来说太难了。

我还根据我高中最后一年的健康问题重新安排了自己的课程表。我父母让我自己做这些事，他们从不参与也不为我出面。但是父亲看过我的申请书，帮忙做了修改；母亲给我提供了一些能帮忙筹款的人的电话号码；在高中的最后一年，他们都鼓励我关注自己的健康问题。他们从来没有主动提出要替我接管那些事，但是他们以有效的方式给了我巨大的鼓舞。

像这样对孩子的能力满怀信心是培养孩子创业精神的关键。如果你的父母相信你必将会成功，很可能你也坚信自己必定会成功。

露丝·劳，鼠爱猪玩具公司

我从来没有直接和孩子们讨论过企业家精神，但不知为何，他们现在都具备这种精神。在孩子们成长的过程中，我们确实做了一些事情来培养他们的企业家精神，那就是不做"直升机父母"。让孩子做家务和承担责任，让他们自己负责完成家庭作业。不唠叨他们，只表达期望。如果他们没完成任务，就让他们自己承担后果。不给过多压力，但也不替他们减负。不能每件事都替孩子做。要允许他们犯错并从中吸取教训。我们从错误中得到的收获要比所有从伟大成就中得到的多得多。鼓励孩子们在暑假期间开办柠檬水摊、棉花糖摊或其他类型的生意。这能教会他们很多，包括销售技巧和基本的会计技能。鼓励他们怀有激情，不断学习技能，无论是体育方面，还是计算机编程技能。留有足够的家庭时间，无论多忙都要一起吃晚餐。让他们觉得自己有发言权。

安妮塔·马哈菲, 床上用品品牌 Cool-jams

作为低幼儿童的父母, 要想让孩子学会对自己的网络活动负责, 就要确保孩子们对自己的线上形象和线上表现有一种主人翁意识。这种主人翁意识能够给人以力量, 在创业中, 它让你坚信"如果你能对此负责, 你就能闯出自己的一片天"。

梅利莎·施奈德, 创业者服务平台 GoDaddy

学习一门外语

○ 朱迪

洞察力对培养创业精神起重要作用。缩小视野，从远处观察情况，一些小细节就会变得无关紧要，这是评判事物重要与否的宝贵方法。

一个人感知周围世界越快，学会观察和辨别世界就越快。我研究过程中涉及的企业家和商界领袖，有很多在童年时就有过一些国际认知，例如阅读国际版报纸，结识不同文化背景的人，或者独自旅行。他们都意识到自己的生活方式并非只此一种。

观察者会牢牢掌握自己的人生方向，思考该选择在哪里生活以及如何生活。他们不接受生活本来的样子，因为他们知道自己还有更多的机会。如果孩子知道生活实际上比他们眼前看到的丰富得多，他们便会想象自己能够成为谁、可以获得什么成就。

为了写这本书，我采访了20位企业家、企业主和创意人士并制作了一系列播客节目，节目内容关注的是童年影响对未来成功的助益。这些故事都很吸引人——我们深入探究了餐桌谈话、童年时对工作的理解，以及他们小时候父母说过的、至今仍在他们脑海里挥之不去的特定话语。

随着我采访的嘉宾越来越多，我开始注意到他们经历中的一些共性。比如，许多嘉宾在10岁之前经历过多次搬家或转学，他们必须要适应新城市、新学校和新朋友，并且他们都形成了自己的适应方法。

这些共性是指几乎所有的嘉宾都有过某一种类型的生活经历。其中包括：

- 有来自其他国家的邻居，并且邻居会与他们谈论自己的国家是什么样的。
- 阅读世界各地的新闻报道。
- 有来自不同地方的父母或亲戚，能够体验到不同的文化。
- 有经常出差的朋友或家人。
- 被带到世界各地度假，尽管不是所有人都有这种机会。
- 和学校里说外语的朋友相处，向他们学习外语。

这意味着这些人从很小的时候就意识到了外面有一个广袤的世界等待他们去探索。这使他们不局限于自己生活的城镇、村庄或城市，让他们从不同的角度看待世界，帮助他们打开眼界，令他们认识到各种可能性。让孩子具备这项技能对培养他们的创业精神非常有用。

学习外语可以让你与更多的人交流，从而让世界变得更小。它还能让你学会共情。如果你试过用别人的母语和他们交谈，你就会明白别人说英语有多难。

研究表明，习得一门其他语言的孩子在标准化测试中往往能取得更好的成绩，因为学习语言可以培养听力、观察力、解决问题的能力和批判性思维。这些通用技能将使个人生活和职业发展终身受益。

行动建议：

🚀 一起决定学习哪种语言。你可以根据自己的朋友圈、不同母语的亲戚或即将到来的旅行来选择，这意味着你可以和别人一起练习，或者有练习的理由。

🚀 准备一些便利贴，用查找翻译、给家里的物品贴上标签的方式来学习名词。我们小时候就是这样学的。

🚀 观看你最喜欢的带有不同语言字幕或配音的电影。大多数数字影碟或在线节目都有这个播放选项。

🚀 使用应用程序一起学习，互相测试，衡量自己的进步情况。

🚀 《三分之一的故事》是一个故事书系列，每本书都以一种语言开始，以另一种语言结束。它贯穿全书的特点是单词逐渐被替换，直到整本书都被翻译过来。

一份当地国际学校的奖学金引领我走上了沉醉于世界文化、人文和商业的道路。1990年去什罗普郡的康科德学院上学是我人生中一段不可思议的经历，我完全沉浸在了一个以前不了解的环境中。这所大学有几百名来自世界各地的学生，我是这里的四个英国人之一。这促使我在大学攻读法律时学习了日语，后来我得以前往日本一年，住在一个寄宿家庭里。如果你想创业，你就必须学会如何适应并开展异国新生活，因为这要求你能够快速了解他人的需求，并快速想出如何处理你尚不熟悉的日常事务。简而言之，你必须走出舒适区！正是在日本，我开始了我的第一次创业，从那以后我就再也没有放弃过创业。

埃玛·琼斯，大英帝国员佐勋章获得者，"企业国"社区

我出生于格鲁吉亚第比利斯（当时的苏联），成长于共产主义政权下。小时候，父亲鼓励我通过看电视节目学习英语，后来这成了我决定前往美国生活时的竞争优势。父母还要求我不断阅读像安德鲁·卡内基这样的移民商业巨头的相关文章。现在，在我看来一切皆有可能，于我而言挫折只是可克服的障碍。

乔治·阿里森，二手汽车交易平台Shift

作为一名语言学家，我还教我的孩子学习西班牙语和意大利语。双语能力对提升执行能力大有好处，而对任何企业家而言，执行能力都是至关重要的。不论孩子们将来选择什么领域，语言都会对他们有所帮助。

卡里纳·安东尼尼，儿童语言学习系统 Early Lingo

学习语言是我生活中的大事。我对字词很着迷，三四岁就开始探索它们之间的联系。假期里，父母经常交代我一些小任务，并教会我完成这些任务的必备单词，例如用"Une baguette, s'il vous plaît"（请给我一根法棍）这句话去法国露营地买面包。我相信这让我意识到，人们可以用语言完成几乎任何事情，而且能够获取正确的信息来适应新的环境。

萨拜因·哈诺，"从零开始"文案编写机构

科学使用屏幕

○ 朱迪

让我们来聊聊屏幕使用时间。2019 年，世界卫生组织建议父母将 5 岁以下儿童每天看屏幕的时间限制在一小时以内。尽管史蒂夫·乔布斯、比尔·盖茨和其他硅谷专业人士都让自己的孩子远离电子产品，但是据业内人士透露，有着哈佛工商管理硕士学位的硅谷专业人士一直在努力开发能让我们上瘾的应用程序和网站。

我们已经看到迹象了。你可能已经注意到，对孩子们来说，浏览视频网站和社交媒体，以及玩小猪佩奇的应用程序已经不仅仅是休闲活动，而成了一种上瘾行为。孩子们总是想玩这些，不让他们继续玩的话他们可能会发脾气、吵闹和讨价还价，直到拿回电子产品或打开屏幕才肯罢休。

我们与一些家长和教育工作者讨论过这个问题，他们有众多策略来管理孩子的屏幕使用时间，包括：

- 定期策划户外活动。
- 将屏幕使用时间规定在特定时间内。
- 设定电子产品寄存处，每个人的手机或平板电脑在特定的时间内都要存放在这里。

- 选择完全退出游戏或界面。
- 在孩子面前限制自己的电子产品使用时间，给孩子树立榜样。
- 在路由器上安装计时器，将路由器锁起来，并将手机套餐中的流量限流。

但是，最近的一次讨论是关于父母如何有意识地向孩子介绍科技的。

我一直在思考如何教孩子正确使用电子产品，好让这些能在他们长大后对他们有所助益，而不是成为使他们浪费时间、分散注意力或上瘾的东西。据我观察（以及从我大儿子学校听到的），我的孩子们使用电子屏幕的时间比他们的同龄人少得多。对此我很欣慰，但我也不想因为过于反对屏幕使用而使他们落伍。

我想最终鼓励他们学会如何使用谷歌即时学习、如何建网站、如何编码，以及如何使用人工智能和未来科技。我应该什么时候让他们开始学习使用电脑呢？具体应该学些什么呢？用谷歌查信息？创建网站？编码训练？每一项在什么年纪学才合适呢？

——柯特·斯托林，在会员网站的论坛中发言的家长这都是值得关注的问题。不管对孩子还是成年人来说，机械地滑动屏幕、玩游戏或沉迷于推送都对未来的成功毫无助益。而产出——学习如何编辑、编程和创造有价值的东西——则可以让自己获得宝贵的技能和更多的机会。学习某些特定领域的知识将帮助人们在商业世界获得更好的发展。在这个世界里，科技使企业可以用同样的投入从为少数人服务变成为数百万人服务。

行动建议：

★ 录制视频，然后用软件编辑。可以用玩具进行"表演秀"，就像视频网站上新产品的展示视频那样；与兄弟姐妹一起表演；制作关于家庭旅行、爱好或兴趣领域的纪录片。

★ 尝试创建网站。

★ 探索如何制作游戏，而不是如何玩游戏。

★ 下载相关的应用程序，让孩子通过有趣的方式学习编码的基本知识。

★ 先学习一些编程课程——在指导老师的带领下，学习执行基本编码功能，然后再选择更复杂的学习内容。

> ✦ 阅读一些编程榜样的故事，包括虚构人物"编程的科迪"，以及现实生活中的科技企业家，如马克·扎克伯格和比尔·盖茨。

当我的女儿看到一些公众了解不到的事物时——无论是一个"指导"还是一个尚未开发的应用程序，我就会鼓励她创造一些东西，也许是制作一个视频，这样她就能领会到创业精神。这些都是小事情，但是小习惯会带来大改变。我希望随着她的成长，她能够发现机会，能够发挥自己的创造力为社会创造一些尚不存在的东西。为此，我一发现她擅长计算机就给她报了编程课，以进一步提高她的计算机技能。通过鼓励她发掘自己的才能、技能和愿望，她将懂得应该去创新，而不是效仿。

萨拉·约翰逊，"适合小型企业"社区

我的父母经营一家专门生产胶粘剂的制造公司。从小到大，我们家的晚餐聊天内容都与人事问题相关，这让我在很小的时候就懂得了如何激发人的积极性。在兴趣爱好方面，父母激励我学习编程和音乐，以激发我的创造性思维和技术天赋。

弗兰克·李，饮水机品牌 Bevi

我儿子看到我为公司网站做了一些更新之后，问我如何做网站。这是个向他展示他能上手的、有趣且简单的网络工具的好机会。很快，他和一个朋友建立了一个简单的网页，开始写博客。从那时起，他和他的朋友开始绞尽脑汁地通过网站销售不同的产品，当然，这就是他们该做的！没有哪个网站是不做生意的！我觉得，正是因为我们没有忽略他最初对网站的疑问和兴趣，才使他发掘到众多学习途径，树立了创业信心。他开始想要学习编程课程，以扩展和升级他们的网站；他写更多的东西，以更新博客的内容；他和朋友们举行了无数的"商务会议"，以探讨在网站上销售什么。他们还举行了许多产品开发会议，尝试以不同的成分和工具来创建产品，他们还讨论定价、设计，等等！

马修·伯内特，超级天才股份有限公司

拉里·佩奇

谷歌联合创始人兼前首席执行官

网页排名的共同创始人，与谷歌的联合创始人谢尔盖·布林共同编写了一个著名的搜索排名算法。

佩奇的父母都是密歇根州立大学的计算机科学教授。他家很乱，到处都是计算机、电子设备和科技杂志。这种氛围以及他那总是专心致志的父母，培养了佩奇的创造力和发明能力。小时候，佩奇非常热爱阅读，他花了大量时间钻研书籍和杂志。12 岁时，他读了尼古拉·特斯拉的传记，这位伟大的发明家离世时身无分文。特斯拉的故事教会了他关于创新的最基本的一课："只有发明是不够的。特斯拉发明了我们现在使用的电力，但他没能将它带给大众。你必须将以下东西结合起来：发明、创新点，外加一个能够将产品商业化并带给大众的公司。"这成了佩奇的人生使命。

佩奇第一次对计算机产生兴趣是在他 6 岁时，那时他开始玩父母留下的第一代个人计算机。他是小学里第一个以文字处理软件形式上交作业的学生。他的哥哥还教他拆东西，不久他就把家里的东西都拆了，想弄明白它们的工作原理。他说："我很小就意识到我想要做发明。所以，我对技术和商业真的很感兴趣。大概从 12 岁起，我就知道自己最终会开一家公司。"

在动手制作中思考

○ 朱迪

我很想做一期采访乔丹·戴金的播客。2008 年，年仅 13 岁的乔丹和祖父一起创办了一家公司，现在，他的净资产超过 1800 万英镑。乔丹的父母在他 9 岁时离婚了，由于父亲要去塞拉利昂工作，他只得与祖父母生活在一起。

乔丹的祖父是一名工程师，那时他帮乔丹一起搬进车库，他们决定把车库改成卧室。在改造过程中，乔丹试图加装一个遮光窗帘和一个窗帘栏杆，他和祖父弄坏了几个固定装置和钻头仍安装不上。两人去当地的五金店找解决办法，但一无所获。

据乔丹回忆，童年时他经常看到祖父忙于工作，埋头制作东西。他常常把东西拆开，然后再把它们组装起来，他对事物的工作原理一直很感兴趣，比如齿轮是如何转动轮子的，等等。当乔丹和祖父找不到他们想要的东西时，他们就决定自己动手制作。他们取得了成果，发明了一项名为"Griplt"的墙壁固定器，后来这项发明使挂壁式电视得以实现，并获批专利，销往 32 个国家。

并不是每一个自制的发明都能取得世界范围内的商业成功，但是如果不尝试，你永远不知道能创造出什么。在大多数自制发明中，最值得学习的是：

- 一看到投入就直接想到产出。无论是烘焙、制作艺术品还是其他物品，所有成分和原材料结合在一起创造出的东西远比那些原材料本身更有用处。

- 去体验，去玩耍，去观察。

- 搞清事物的运作原理和损坏的原因能够激发思维的火花，让人理解并牢记。

- 零风险尝试。你可能会偶然做出一项能够改变数百万人生活的发明；你也可能只是创造出一些外强中干的东西。不管是哪种，这只是场游戏，别有压力。

行动建议：

🚀 采用乐高和得宝这样的玩具和游戏，没有对错之分，重点是体验和创造。

🚀 采用七巧板和拼图这样的玩具和游戏，靠创造力和毅力从中找到正确答案。

🚀 关于各种日常物品，多问自己："还能用它做什么？"

🚀 列出原材料，不指定必须要创造出什么。做一些有用的东西或漂亮的东西，或者只是弄得一团糟。

我的父亲能够建造、设计、修理所有东西，但他不会自己为我做这些，他要确保我参与这个过程，他会教我每一步该怎么做。最后，我不仅掌握了全过程，而且可以自己独立完成。他鼓励我冒险，教我学会每一个程序和步骤，这些技能一直伴随我至今，对我的创业过程大有助益。

　　　　　　　　　　柯尔斯滕·波滕扎，健身和生活方式品牌 POUND

　　在我们家，动手制作东西是件大事。我们通常会为我 9 岁的女儿收集纸箱和其他材料，让她来建造东西或实施她的想法。这会让她进入"海绵模式"，问一些像"我该怎么做"这样的问题。通过自己探索答案，她明白自己不必知道所有的事情，但也懂得了探索的价值。这个过程不仅培养了她的毅力，也培养了她作为初学者的心态和好奇心。我们不给毛绒玩具买小房子，我们自己搭建；我们不买用来装扮的服装，我们自己制作。想要搭建一个糖果店？想做就做。这促使她在整个创造过程中不断思考。如果建筑或产品失败了，那就再做一遍，她能从每一次失败中获得更多答案。我们也非常喜欢无聊的时光，当我听到"妈妈，我好无聊"时，我的标准回答通常是"那很好，享受它吧！这才是你真正能想出创意的时刻"。

　　　　　　　　　　　　　　　莫妮克·富克斯，综合疗法中心

从一个曾经很焦虑的害羞小女孩，到后来成为一名自信的律师，再到后来成为一名企业家，这主要归功于我从父母那里学到的东西。小学时，学校让我们创造一个西班牙布道院的实景模型。当我走过艺术商店的走廊时，我一下子就被一组立体模型组吸引了。我刚想伸手去拿，母亲说："不行！这是作弊。"然后她带我去了商店的其他区域，让我思考如何从零开始制作每一部分。我花了几个星期的时间勤奋地制作了每一堵墙、每一个钟、每一棵树，每一件东西都是我亲手制作的，看着我所创造的一切，我倍感自豪。学校展示劳动成果的那天终于到了，刚开始我是有点儿羞愧的，因为我那参差不齐的墙壁和不完美的铃铛被放在了从商店买来的漂亮模型组旁边。直到老师跑过来叫道："看这个！看他的创造力，看他对细节的关注！这是我最喜欢的一个。这才是我想看到的。"从那以后，我就再也不怕从零开始了。

布里塔尼·梅里尔·杨，斯克鲁球花生酱威士忌

销售的关键

○ 朱迪

那是 2011 年，我刚刚成立了自己的社交媒体公司，正在准备与潜在客户的第一次见面。由于我父亲职业生涯的大部分时间都从事汽车经销商管理，所以我向他请教销售方面的建议。他告诉我：

- 知识浇筑信心。
- 信心浇筑热情。
- 热情才能卖出汽车。

虽然我卖的是社交媒体管理而不是汽车，但这并不重要，他的观点一样适用。我决定用知识来弥补我经验上的不足，所以我对我要去看的那家公司进行了大量调查。我浏览了网上与他们相关的所有信息，找到了他们的团队成员，我理解了他们的目的、愿景以及他们的业务。在调查过程中，我有了很多想法，知道了自己能为这家公司做什么。我头脑中构想出很多条款，我想到了可以在社交媒体上代表他们公司去联系哪些人，也想到了具体为他们创造什么。我列出了想问的问题，并根据了解到的他们的过往经历，列举了谈话里可使用的话题。不知不觉间，对于这次会面，我已准备充分、激动不已。

我急切地想去见他们的创始人，与之分享我的想法。在会面期间，我自信地阐释了我的所见、所想，说明能为他们带来价值的一些做法。我以前没有经验并不重要，因为知识能使我充满信心，信心能让我充满热情。那几位创始人很看好我的提议，并且很乐意让我执行提议内容。我赢了！直到今天，他们都不知道他们是我的第一位客户，也不知道那次会面是我第一次与潜在客户会面。

在赢得第一位客户后，我积累了经验，我确信"知识、信心、热情"这一方法是正确的。这次经验使我赢得了后来的第二次销售，以及第三次、第四次……

如果你看过电视节目和电影如何描述销售人员，或者在证券图片网站上输入"销售人员"，你很有可能看到这样的画画：一个很有口才的人正在说服一些无知的人去购买某些并不是很好的东西。但在现实生活中，并非如此。

简单来说，销售要了解别人的需求并提供解决方案。要想提出有价值的解决方案，卖方必须了解买方的需求。要想让买家购买，卖方必须充分证明他们的解决方案是买家应该选择的。

我记得我爸爸曾以开玩笑的方式教过我劝导技巧。他会一边问我"想整理你的房间吗"，一边使劲儿点头，就像在暗示我什么才是正确答案。他还以开玩笑的方式教我他所谓的双选问题，比如"你是想整理你的房间还是用吸尘器打扫妹妹的房间"，没有第三种选择。

行动建议：

以下是一些帮助人们做好销售的建议，包括培养同理心和劝导技巧。

同理心

学会从他人的角度看问题。可以从日常生活中遇到的人、身边的朋友、兄弟姐妹，甚至是电视节目或书中的角色开始练起。问题可包含：

- 在故事中他们的立场是什么？

- 你认为他们为什么那样做？

- 他们想要什么？

- A 为什么这么说？

- B 为什么那样回答？

劝导技巧

学会把事情界定为某人的机遇，只有提出合理的要求，才更有可能被接受。当你想让别人做某件事时，先思考"这对他们有什么好处"。在与他人的日常互动中进行练习，例如：

✈ 当请求搭他人车去某地时要学会说"回来的路上你有机会参观某地了"。

✈ 当借东西时，要学会说"还回来的时候我会整理得更干净的"。

✈ 当寻求帮助时，要学会说"下周我会做某事来报答你的"。

很多时候，我们要到多年以后才能意识到父母在我们身上播下的种子。我记得，小时候我骑着车在新泽西州祖父母家附近转悠，母亲给我讲述她小时候祖父经营糖果店的故事。不知怎的，听完这些故事，我在祖父母的客厅里开了一家自己的糖果店。当时，我的"商店"的经营内容是把一袋彩虹糖按颜色分类，把它们放进单独的杯子里，然后以每杯 5 美分的价格出售。父母和祖父母从来没有抱怨过我的标价过高，也没抱怨过我提价（他们是我唯一的顾客），每次我的"商店"营业时，他们都会来购物。我很感激多年前他们播下的那颗小种子，他们为我的点子喝彩，鼓励我成为一名崭露头角的企业家。

香农·辛普森·琼斯，应用服务提供商 Verb

由于我在学校和家里表现不好，父母不给我零花钱，所以我必须自己挣钱。大约在七八岁的时候，我就开始洗车和修剪草坪。10岁时，我买了一些破产的股票，挨家挨户地售卖，赚了500英镑。12岁时，我在学校卖混音磁带，买了我的第一个打碟装置。假期的时候，我还会每天早上去利兹联队的球场，在不收广告费的报纸上拍卖签名球衣。不论过去还是现在，我的家人中都没有其他人经营企业，我真的不确定是谁激发了我的创业精神。

丹尼·萨维奇，丹尼萨维奇网站

我很早就学会了销售。我很小的时候父母就把我送到跳蚤市场，我出售从地下室翻出来的所有东西，也出售像旧玩具、小玩意等那些我不再需要的物件。我就在那里卖东西、与买家周旋。第一次去跳蚤市场的时候我还不到7岁，后来的几年里又去了好几次。这不是因为我们需要钱，而是因为我父母觉得学会如何卖东西很重要。

克里斯·埃哈特，线上音乐录制平台 Tunedly

积极的谈判技巧

○ 朱迪

谈判不同于争论。争论通常围绕双方相冲突的观点或信仰展开，争论有胜负之分。

谈判也许会涉及相冲突的目标或利益，但双方可以通过妥协达到最佳合作结果，得出解决方案。在谈判中，如果进行得顺利，是不分输赢的，因为双方都是赢家。只要双方都开诚布公，寻求解决方案，谈判就不是零和博弈。

有些时候，最好的谈判方式就是完全避免谈判。

日本作家岸见一郎在《被讨厌的勇气》一书中谈到了基于阿德勒心理学的任务分离学说。这个学说的前提是"你专注于你的任务，我专注于我的任务"。人们看重的是自己的信仰或观点。在那些观点或信仰直接影响到你之前，你不需要在意它们。

首要问题就是，"这需要争论吗？我们能求同存异，各自专注于自己的任务吗？"

在家中或学校里，有时不可避免地要进行谈判。要想谈判成功，双方都需要了解对方的需求，提出一个双方都能接受的解决方案，并做出妥协。

行动建议：

　　谈判包括三个不同的组成部分，每一部分都可以通过日常场景来练习和建立范式。

1. 在谈判中积极倾听并判断

　　当你和你的孩子谈判时，或者当孩子和他们的兄弟姐妹们谈判时，你要积极倾听。即使你不参与谈判，也同样要予以关注。你要亲自学习谈判技巧，成为他们的榜样。罗杰·费希尔和威廉·尤里合著的《谈判力》是这方面的一本很好的书。

2. 解决问题：制定谈判条款

　　确定一项交易中什么是"不可谈判的"，并据此创建一个优先列表。提问"你还能给我提供什么"，这样他们的思路就会更开阔；提问"在这里什么对你来说是真正重要的"，并鼓励他们也像你这样做。

3. 讲话有效而简洁，要展现自信，但不咄咄逼人

　　玩"橘子游戏"，在明确自己的需求并了解对方的需求后，两组人协商分一个橘子。学会请求暂停。如果一场谈判变得过于激烈，你就可以说"我需要暂停一下"，然后花5分钟思考并恢复镇静。

> 市场摊位和跳蚤市场都是很好的选择，能让人在安全的环境中磨炼谈判技巧。

我教他们在购物时如何讲价、如何拿到折扣，尤其是遇到加价很多的零售商品时。我的孩子们也明白货比三家和谈判的重要性，尤其是涉及有线电视合同、电话供应商合同及其他他们关心的东西时，如小玩意儿、电子产品、鞋子等。

杰姬·雷德诺–布鲁克曼，文件传输软件公司 MyWorkDrive

小时候，父母和祖父母常带我们兄弟姐妹去跳蚤市场。祖父偶尔会给我们中某个人买些东西。当他这么做的时候，他和我的父母达成了一致：如果我想要的东西定价略高于它的实际价值，我就得自己与卖家谈判，拿着他给我的钱自己去购买。这让我明白两个道理。首先，如果我想要什么，我必须为自己争取。其次，有些事情是可以谈判的，谈判并不是最糟糕的人际互动方式。作为一名企业家，后一个道理对我来说是无价的，因为我个人不喜欢谈判中经常发生的冲突。但是，由于我小时候在跳蚤市场上出售玩具或书籍时训练过自己与成年人谈判，所以我比我所认识的大多数人更擅长谈判。

克里格·克内尔，克内尔学习中心

父亲教导我，多问无妨，最糟糕的情况不过就是被拒绝。当我向供应商索要折扣时，或者就产品使用方法或服务方式寻求解释时，我都记得父亲的话。提出好的问题会让别人期待看到你的成功。父亲很尊重我，甚至在我很小的时候就常常询问我的意见。如果我不知道答案，他也从不会认为我很笨，我觉得他把我当成了他的战略伙伴，因此这个过程让我变得更加努力。

雪莉·塔恩，姿势保持器

加里·维纳查克

维纳媒体和维纳克斯现代通信公司创始人

在短短几年内，将家族的葡萄酒企业从价值 300 万美元变成了估值 6000 万美元的企业。

3 岁前维纳查克一直生活在白俄罗斯的伯布鲁易斯克，后来他们全家搬到了美国生活。在一次现场问答环节中，他谈到了他的母亲是如何抚养他的："9 岁的时候，我在麦当劳为一位老太太开门，母亲表现得好像我获得了诺贝尔和平奖一样。我母亲做事超级聪明。对于我的任何善举，她都会做出很夸张的反应，她让我明白我对无关紧要的事情也负有责任，比如分数……母亲帮我建立了强烈的自信，我觉得我之所以成为大家今天所看到的我，最大的原因就是我母亲为我所做的一切。我非常感激，所以我想要为其他人做同样的事。

"母亲教导我要坚定地相信自己，同时也要认可他人身上的价值……她会淡化那些她认为对我来说不重要的事情，同时又教导我要尊重它们……她给了我自由、支持和肯定。最重要的是，她看到了我的优点，并鼓励我发挥自己的长处。"

成为出色的推销者

○ 朱迪

孩子们总是会想要很多东西。让他们说服家长购买自己想要的东西有助于他们想清楚自己是否真的需要，同时也可以让他们学会一些在未来的生活和工作中极为重要的技能。

帮助孩子们理解推销的概念，他们才能出色地完成推销。

人们进行推销的首要原因是想要实现某件事情——一个令他们受益的行为或决定。

推销的目的是让房间里的所有人最终都认为这个行为或决定可以让利益最大化，而不只是推销人员自己受益。推销要考虑到一个基本点，即房间里的人们有着不同的世界观；他们可能会对你的想法存疑。每个人都会从自己的角度权衡利弊。

完美的推销有其基本步骤：

- 简要地提出需求的内容。
- 列出需要解决的问题。
- 说明为什么你提出的解决方案是正确的（有利因素）。
- 要考虑到困难和反对意见（不利因素或可能存在的不利因素）。
- 留出听众问答时间。
- 在做最后的决定之前给出结论。

行动建议：

通过上述步骤学习推销的多种方法：

✎ 让孩子们自己选择用于推销的文件，他们可以用纸质材料，也可以用幻灯片做展示。帮他们在每一页添加标题，然后引导他们思考在每个标题下面应该添加什么。

✎ 不断提问，鼓励他们将答案展示在推销文件中。

✎ 根据孩子的年龄选取合适的推销场景进行观看，让他们真实地感受推销。

✎ 认真对待。为推销设定好时间，排除其他干扰，全身心投入。推销可以培养公众演讲能力，有助于克服羞怯。

✎ 多次进行上述练习，让孩子们体验成功和失败。

✎ 让推销变得有趣。比如是否养宠物、选择晚餐地点或培养何种新爱好都可以作为推销的主题。

我 15 岁时想尝试联属网络营销，建立和运营网站大约需要 600 美元的启动资金。我没有那么多钱，所以我向父母推销这个点子，向他们展示我想做的事情，向他们说明我为什么认为它行得通以及我将如何在这个项目上赚钱。我相信绝大多数父母会认为这个点子很荒谬，但我的父母决定借钱给我，如果我失败了，他们就把这当作是为我积累经验。几年后这个 600 美元投资的公司被我以 6 位数的价格售出，拿到的钱就是我现在公司的启动资金。

迈克尔·维特迈尔，贵金属交易商 JM Bullion

　　我的两个女儿都是出色的推销者！如果她们想要一些超乎日常的东西，她们知道应该带着要推销的事物的完整信息和益处来找我。例如，最近我的女儿想要一台新的显微镜，但她想买的那台价格远远高于课程所需的普通显微镜的价格。她向我展示了一些价格上有竞争力的品牌，解释了她想要的那台将对她有什么帮助，她还表明几年后她还是需要一个品牌更好的显微镜，所以她想买的那台才是最佳投资项目。我同意了，她得到了一个质量更好的显微镜。

劳拉·亨特，拉什林纳有限责任公司

我的商业建筑公司总部位于圣路易斯，我是这家公司的第四代所有者，所以我从小就了解我们的家族产业。我常常陪同父亲前往工作地点，在餐桌上与他讨论业务，高中时还曾去搬运材料，一路收集信息。从我记事起，父亲就要求我为自己想要的东西进行谈判或游说，现在我也让我的女儿们这样做。从小到大，每当我向父母提出要求——从晚归到春假和朋友去旅行，我得到的都是同样的回答："等你准备好所有信息再来找我。"我会带着准备好的说辞回来，如果我的论证有说服力或者这次谈判合理，我就能得偿所愿。

例如，当我要求宵禁后在外留宿时，我会告诉父亲我的所有信息：我将和谁在一起、我将去哪里、我将多久报备一次，以及我的理由，等等。这有时有用，有时没用，不过如今我也在培养孩子们同样的技能。上个月，我10岁的女儿想要她的第一部手机，我让她做一个展示。我给了她一些关于主题的提示（例如，一部手机要多少钱？你将如何赚钱来支付它？你将如何负责任地使用它？），但主要还是鼓励她做好这个推销。她最终设计了一个完整的平台，其中还包含调查来源、图片和彩色字体。作为一名小企业主，我所做的每件事都涉及推销或谈判，所以我正努力把这些技能传授给我的孩子们。

蒂姆·施皮格尔格拉斯，施皮格尔格拉斯建筑公司

用同理心倾听他人

当人们评估自己和他人的行为时，会产生一种偏见：归因偏差。在评价他人时，我们倾向于认为他们的行为是性格等内部因素作用的结果，而当我们评价自己时，会倾向于认为自己的行为是因外部环境而不得不做出的反应。

当有人开会迟到时，你可能会给他们贴上懒惰或考虑不周的标签，但你会用堵车或帮人指路来解释自己迟到的原因。理解他人的行为，不将他人判断或定义为坏人，这十分重要。

在学校里，这属于"人格教育"。人格教育包括教育孩子处事方式，以确保他们行事讲道德、有美德、懂礼貌、不欺凌。人格教育的一个关键部分是顾及他人的需求，这是未来企业家需要具备的一个完美品质。

同理心是一种技能。作为人类，我们通常会把自己的需求放在首位。对企业家而言，意识到他人的需求是极为有用的技能。大多数企业都紧密关注客户的需求，因为客户的需求就是客户对产品和服务的需求。如果企业不了解客户的需求，就难以取得成功。

了解他人购物或做事的动机能够在达成交易、设计产品或推销新点子时为你提供便利。对孩子进行相应的早期练习，这样它很快就会成为孩子们的第二天性。

行动建议：

🚀 分享同理心的故事。和孩子一起谈论那些能够考虑别人需求的榜样人物。

🚀 一起探讨书中的人物。了解人物的个性，他们喜欢什么和不喜欢什么，以及他们表现出来的特征。也要探讨配角，而不仅仅是主角。

🚀 当孩子们因别人所做的事感到沮丧时，重点是要让他们理解别人为什么那样做。

🚀 一天一句赞美的话。赞美孩子，并鼓励他们在适当的情况下也赞美别人。

🚀 在孩子们做出会影响他人的行为之前，问问"某某会有什么感受"。兄弟姐妹是很好的举例人选，因为孩子们最不容易对兄弟姐妹产生共情。

🚀 学会关注别人。每经过一个人，就问："他们在这里做什么？他们需要什么？"

🚀 观察人们。在城市里找一张公园长椅或其他地方坐下，挑选路过的人，为他们创作故事："他们喜欢什么？什么使他们快乐？他们在尝试解决什么问题？我能怎样帮助他们？"

> 夸张一些，让事情更有趣。如果你在为客人泡茶或冲咖啡，让孩子询问每位客人想要什么样的饮品，并且不停追问，直到你知道他们想加的牛奶具体要多少毫升，想加的糖具体有多少克。按照某人喜欢的方式给他调制一杯超级完美的饮品。

> 学着做一些不经意的善举。和孩子一起讨论能做出哪些不经意的行为以及为谁而做。

每天，我都会花点儿时间，和5岁的女儿一起谈论人际关系——祖父母、同学、朋友、故事中的人物，甚至是我们生活中与女儿有交集的人。我们会谈论她所看到的良好关系，她所听到的、看到的糟糕关系，然后我们会关注事态为什么会这样发展。"这有助于维系关系吗？有什么不同的做法能够更好维系关系或避免现在的问题吗？"自此，她在建立自己的直接关系和理解他人之间的关系方面变得日益强大。我发现，强大的关系管理能力是创业的核心基础——无论是与客户、团队成员还是竞争对手。在任何情况下，你最好能够了解每个人、理解他们的做法并有能力恰当地掌控每一次互动。

马克·康坎农，康坎农商业咨询公司

小时候，父母教导我要做自己喜欢的事，做能改变人们生活的事。他们二人都曾受到同样的教导，才成为企业主。这句简单的座右铭也一直萦绕在我的脑海里。

如果每天醒来，你都觉得不喜欢自己的工作，也看不到自己工作对他人的影响，那无论你从事何种领域的工作，你都很有可能会被压垮。这种心态通常会让你与竞争对手拉开差距。

马特·施密特，糖尿病生活解决方案网站

我经常用"寒冷夜晚的羽绒被"来打比方。把羽绒被往左边拉一下，右边的人会觉得寒冷，往右边拉一下，也同样如此。我们鼓励女儿学着明白个人行为可产生的广泛影响，特别是对他人感受的影响，最终教她学会让自己的行为对他人产生更好的影响。目前，我们主要通过鼓励她与同龄人一起好好玩耍来教会她这一点。当遇到一个蹒跚学步的孩子非要在滑梯上多滑一圈时，我们会教她化解自我冲突。作为父母，我们要有同理心，对他人的观点持开放态度，这是非常重要的价值观。我们都知道，由于我们每个人的生活经历都具有单一性，单凭一己之力很难想出最好的解决办法，因此我们必须通过与不同背景的人合作、一起工作来寻求思想的多样性。虽然这堂人生课程的教学契机尚未出现（她只有3岁），但我们希望随着她长大，有机会开展这堂人生课。

凯瑟琳·坎贝尔，谷歌

03 | 赢在未来的机会

●丹尼尔

10岁时，有一天我练完空手道，父亲来接我时一脸严肃。他解释说我不在家时家里发生了一场小火灾，房子里全是烟和烟灰。窗帘被热油点着了，接着又把墙壁和碗柜点着了，在火扑灭前又把厨房烧了一个大洞。万幸的是，没有人受伤。

第二天，父母把所有被烟熏坏的东西都堆进拖车里，准备运往垃圾场。就在这时，我灵机一动：如果我能把这些东西清理干净然后卖掉，而不是扔掉，会怎么样呢？母亲鼓励我有这么好的点子，给我一个星期的时间来落实这个想法，否则一周后他们就把所有东西运去垃圾场。

我勤勤恳恳地清理这些物品，并制作了一张海报张贴在当地街角商店的橱窗里，我还在报纸的分类广告栏推销我的旧物甩卖。在开售的前一天晚上，我意识到自己没有那么多存货，我还有足够的空间可以出售更多的商品。于是我找到邻居们，与他们达成协议，我代表他们销售的任何商品收益都五五分。

第二天早上，几十个人来到现场，购买了大部分商品。最令人兴奋的是，有一个顾客想要和我父亲协商那个被烟熏过的微波炉的价格。父亲回复道："这是他的生意，不是我的。你得和丹尼尔协商。"我感到自己被赋予了很大的权力。一天下来我赚了足足 300 美元，足够我买一辆越野自行车和一套世嘉大师游戏机了。

让孩子有机会在现实生活中体验成功或失败，是送给孩子最好的礼物。最好的学习方式就是亲身经历。先在小范围内尝试某种技能和想法，然后再将其运用到重大事情中，这是十分重要的步骤。

作为"企业加速器"的创始人，我每年都会和数百位企业家谈及他们的抱负。对许多人来说，成功的最大障碍之一就是缺乏自信。如果一个 50 岁的人对我说，虽然他有一大堆理由支撑他追求梦想，但他还是非常紧张、缺乏信心，这种情况太常见了。

自信度与熟悉度有关。刚开始的时候，略微虚张声势是有用的，但是经验才能让人们真正信心满满。初次在众人面前演讲可能令人很伤脑筋，但如果你每周都这样做，很快你就会发现自己已经完全适应在一屋子陌生人面前演讲了。

一个人越早走出熟悉的舒适区去抓住机会，就能越快地适应。在培养孩子创业能力这件事上，你眼中的小任务往往会成为孩子的大机遇。

朱迪小的时候，父母要求她自己收拾度假行李，其实她母亲只需要花几分钟就可以帮她收拾好，但如果这样做的话朱迪就失去了完成这项重要活动的机会。自己收拾反而让朱迪体会到了责任感、自主感和潜在的失败感，这成为她对自己未来信心的基石。

当她长大一点之后，父母让她承担起为自己预约医生的职责。她需要查询电话号码，给诊所打电话，并与接线员对话。这对一个成年人来说轻而易举，但对她来说，这是另一个激动人心的机会，她能接触到广阔的世界，并最终圆满完成又一个任务。

这些建立信心的基石慢慢累积。朱迪 22 岁时已经十分自信了，她找来会计，创立了自己的公司。她推出了一项新服务，签了几十个客户。走出舒适区的每一步都十分艰难，预约医生和创业的艰难程度是相同的。给孩子一个机会去体验这种感觉，让他们从中成长，这是成功的必经之路。

如果他们失败了怎么办？如果你给孩子机会，他们却搞砸了怎么办？这也是人生的一部分——不是每件事都能按计划进行，不要担心。

我的朋友杰里米·哈伯 13 岁时，他的父母鼓励他去跳蚤市场卖东西。到 15 岁时，他已经开始批发购买珠宝并在周末到当地市场的小摊上加价出售。他辍学去做生意，到 18 岁已经有了稳定的收入。然后他把所有钱都投进一个新的街机游戏项目中，他确信这个项目会成功。但不幸的是，他误判了市场行情，投资失败了。

杰里米的未付账单堆积成山，不到 20 岁的他就发现自己面临破产。他写信给债权人，通知他们他的公司破产了，等待他们的答复。他对可能产生的后果十分担忧，不知道该如何以失败者的身份面对这个世界，他连续好几天不下床，甚至不敢查看手机和邮件。最后，他终于鼓起勇气面对现实。当他紧张不安地走出家门时他发现生活并没有多大改变，他还是原来的那个人，只是他不再有账单的压力了。生活里不再有恶意的信件，不再有咆哮的语音信息，也不再有愤怒的供应商扎营在他的门外。

杰里米学到了宝贵的一课。"那就像走钢丝，但是当我掉下来的时候，我发现我离地只有 15 厘米。"年轻时的失败经历赋予了杰里米看待生活和事业的独特视角，也使他具备了良好的风险承受力。如今，他已经成为千万富翁，拥有幸福家庭、遍布世界各地的房产、豪华汽艇以及私人飞机。他曾明确表示，早期的失败经历是他后来成功的关键。

许多家长和监护人认为他们必须为孩子找到重大机遇。他们认为必须为孩子提供一份充满活力的初创公司里的工作，或者确保孩子掌握能与马克·扎克伯格匹敌的编程技能。其实，孩子并不需要重大的机遇来磨炼技能；通常来说，我们只需寻找一些简单易得的机会，让孩子做一些稍微超出他们舒适区范围的事情即可。

在这一章中，您将看到像带孩子去上班这种简单的事情也可以对孩子产生重大的影响。让十几岁的孩子为你的公司建立或管理一个社交媒体账号是赋予他们的一项重大职责，能让他们明白自己被他人信任。你会发现你的社区充满了创业机会，许多成功的企业家在青少年时期都曾为邻居打工。

孩子们希望有机会尝试新事物，并不断地寻求机会。我们曾与一位家长交谈过，他在他十几岁的儿子身上发现了有趣的独创性。这位家长不是每周末按小时付费让儿子打扫泳池，而是每周付给他 10 英镑让他保持泳池清洁。这个细微的区别引发了一件有趣的事情：大儿子以每周 3 英镑的酬劳把一些比较简单的工作外包给弟弟，兄弟俩找到了这种快速有效的方法来保持泳池干净。这个最初只是完成家务的小事演变成了组建团队和创新的机会。

我将永远不会忘记在我的旧货出售摊前，当那个人被告知这是我的生意他必须和我谈判时他脸上的表情。我坚持自己的售价，最终他以我的出价买下了微波炉。在那一刻，我收获了比钱更有价值的东西——无价的机会。

家务是可以根据我们能为某项任务带来的价值来协商的。父母不要求我去做那些固定的家务，而是鼓励我想出赚外快的点子，如果这些点子对他们有用，他们会告诉我他们可以提供哪些支持。我很喜欢这种模式，并打算用这种方法来培养我自己的孩子。我认为这有助于人们打破标准的朝九晚五的工作心态。

凯西·希尔，希尔游戏公司

我雇用我的女儿做了很多项目，但我不按小时付给她工资。我一直根据她的表现付给她工资。她完成得越多，赚得就越多。

道格·米切尔，奥格特里金融服务

　　我教会孩子们什么是收入、毛利润、净收入、利润率和费用，让他们理解基础损益表。你想通过出售手作纸杯蛋糕赚钱吗？你的商品成本和劳动力成本是多少？减去这些总数，你就知道利润如何了。一旦你掌握了基本原理，就可以很容易地将它应用到更大的范围里。此外，教会他们思考并学会如何在不增加劳动力和费用的情况下赚取更多利润也是极为重要的。例如，你可以问邻居是否需要帮忙扫树叶或遛狗，但为什么不学学如何制作伞绳手镯呢？你可以一个小时内大量生产并以每只 5 美元的价格售出。你可以从一个小时的工作中赚到更多的钱，而不是辛辛苦苦一整天只赚到很少的钱。

　　　　杰姬·雷德诺 – 布鲁克曼，文件传输软件公司 MyWorkDrive

健全的决策框架

○ 朱迪

2010 年，我报名参加了国家社会保障技能学院为期一年的毕业生计划。在那一年里，我有定期参加辅导课程的机会。给我分配的教练是大英帝国员佐勋章获得者乔安妮·鲁尔，在成为商业教练之前，她在医疗转型领域有丰富的工作经验。

乔安妮与我一同克服困难，制订出了一个关于我毕业生项目结束后该做什么的计划。她是一个负责任的伙伴，给我提供的决策框架，我至今仍在使用。

你能想象吗，我带着一个我想要克服的挑战来参加指导课程。我和乔安妮的首要任务就是围绕这个挑战展开详尽的讨论：它到底是什么？为什么它会出现？它是独立存在还是与其他挑战有关？为什么它让人感到棘手？我们要回答的问题到底是什么？

我们要先对这个挑战进行全面分析，然后再进入第二步：决定该如何应对挑战。我们会把这个挑战写在一张纸的中间。然后乔安妮只问："你能做什么？"我会给出答案。这时不必解释为什么，只需简短描述出一个答案即可。然后她会继续问："你还能做什么？"我会给出另一个答案。这种问答将不断重复，直到我给不出其他答案为止。我们经常写下的一个答案便是"什么都不做"。什么都不做是一个常见答案。然后，即使我的大脑已经一片空白，我确定我想不出其他任何答案了，乔安妮还是会问："你还能做什么？"然后耐心地等着我绞尽脑汁再想出一个答案。她从不打破我思考时的沉默，也从未试图替我作答——她只是等待着，让我自己找到答案。

接下来，我们到了第三步：排除答案，即回答"如果你那样做了，会发生什么"。这样我们会从最差的答案开始，逐个分析并划掉一些答案，直到剩下最后一两个答案，再对它们进行分析、做出取舍。

我们所使用的蜘蛛网决策框架主要基于以下三个问题：

- 问题是什么？
- 你还能做什么？
- 如果你那样做了会发生什么？

关键是我必须回答这些问题。教练并不会直接为我解决问题，也不会替我给出答案。她相信我自己能解决问题；她相信我只要认真思考就能想到答案。

事实上，我不仅找到了自己最满意的解决方案，而且对答案非常有信心，因为我已经排除了其他选项，况且这是我自己想出来的。我不知道，如果这是别人的主意，我是否也会有这样的动力去推进这个方案。

作为父母或雇主，我们很容易直接进入解决问题的模式，直接提出别人下一步该做什么。短期来看，前文提到的做法需要耐心，但从长远来看，如果我们关心的人相信他们自己有能力找到答案，并能够通过决策框架来得出答案，这是十分有益的。我现在都是通过蜘蛛网框架做大多数的决策。起初，我需要把所有东西都写在纸上，但很快就不需要再写了。

我相信如果我在年轻时就开始用蜘蛛图深思熟虑地做决定，很可能我不会做出当时那些关于职业或教育的选择。也许你也有同感。我们很容易墨守成规，不敢质疑。

在未来，年轻人将迎来各种各样的机会，他们需要仔细评估。申请读大学、继续深造、求职、加入一家初创公司……无论是什么，一个健全的决策框架可以确保人们做出深思熟虑的决定，获得最好的结果。

行动建议:

找机会使用上述的三步法：

🚀 让它变得有趣。用大纸张和色彩鲜艳的笔画蜘蛛网框架。

🚀 不论是大决定还是小决定，都要把这个技巧植入。

我经常让孩子尝试解决问题，鼓励他们进行创造性思考。我会与他们分享我生意上的一些简单的事情，然后询问他们该如何处理。我也会咨询他们对于口味和配方有什么建议，并鼓励他们给出详尽的答案，让他们懂得意见和可行的建议之间的区别。他们的谈话常常给我带来惊喜，他们很高兴这些问题真的存在，他们也很高兴能在某些方面帮上忙。我更愿意把这当作角色扮演游戏，让这些未来的有创造力的思考者参与其中，而且我自己也能从中受益！

埃米·奇德尔，北方面食公司

　　父母告诉我，首先，你要相信自己。其次，你要提前做出十年计划。你要先设想一个目标。一旦目标确定，你就要专心实现它。一有机会你就要迎头赶上，像一头扎进游泳池一样投入，一旦开始，你除了继续游下去别无选择。即使你做错了，它也能使你学会如何变得更好。最重要的是先开始第一步，然后再进行第二步，当你到达第三步时，你已经习以为常了。

伊加尔·达汉，伊加尔·达汉珠宝

我从童年起记忆最深刻的是母亲，她对我的教导至今仍影响着我所有的决定。我从小就是一个志向远大的孩子，但我总会害怕事情不成功。我会探讨上百种可能出错的方式，每次我都会做出最坏的打算。不管情况如何，母亲总是说"你会想出办法的"。家里发生什么不好的事情时，她会说"会解决的"。这是她不变的答案——当我没有取得我想要的成绩时，当我没能组成团队时，当我没有考上我想去的大学时，当我失恋时——无论我的生活中发生什么事，只要我找到她、告诉她，她总会说"会好起来的，你能解决"。

现在作为一名企业家（以及在个人生活中），我发现与同事和朋友相比，我不那么害怕失败，也更愿意承担风险，更乐于改变。做每一个决定时我都抱着这样的心态：无论发生什么，我都能解决。我相信是母亲一直说的这句话影响了我所做的每一个决定，并教会我不必因无法控制的事情而忧心。

海利·卢卡多，卢卡多传媒公司

马克·扎克伯格

脸书创始人

《时代》杂志 2010 年度人物。

扎克伯格家一共有兄弟姐妹 4 人，马克的父亲爱德华·扎克伯格在家里开了一家牙科诊所，母亲凯伦是一位精神病医生。

扎克伯格在小学的时候就对计算机产生了兴趣，10 岁时，他发现世界上的人可以分为两类：写程序的人和用程序的人。他的父亲教他如何编程，12 岁时，他用雅达利基础（Atari BASIC）创建了一个消息程序，并命名为"ZuckNet"。他的父亲将这个程序应用到自己的牙科诊所里，接待员可以通过这个程序告诉他有新病人了，再也不需要在房间里大喊。他的家人在家里也使用 ZuckNet 进行交流。

马克·扎克伯格觉得制作电脑游戏很有趣，于是和朋友们一起制作。"我有一群艺术家朋友，"他说，"他们会来我这里画些东西，然后我就把这些画做成游戏。"

爱德华·扎克伯格接受电台采访时谈到了自己在抚养子女时遵循的一些原则，这些原则培养了孩子们的创业能力：

- 以身作则。

- 为孩子提供安全保障。

- 发现孩子的兴趣所在，并鼓励孩子发展兴趣。

- 让孩子知道你为他们感到骄傲。

- 设定限制，并严格执行。

- 保证孩子也玩得开心。

从游戏中学习策略规划

○ 朱迪

    我小时候很喜欢玩一款电脑游戏《主题公园世界》。在游戏里我可以成为自己的虚拟主题公园的经理，用虚拟启动资金来设计和建造游乐设施，然后向客户开放公园，使公园盈利。为了实现盈利，我需要决定门票价格、小吃摊的位置、厕所和垃圾箱的建造地点，以及雇用和培训维护公园的工作人员。

    我建造的主题公园是否成功，还取决于顾客的快乐程度。如果公园不干净、不整洁，顾客就会不高兴。如果游乐设施坏了，而我又没有雇用足够多的工程师来修理，顾客也会不高兴。如果小吃摊的队伍太长或食物太贵，顾客还会不高兴。这将产生连锁效应，即售出的公园门票减少，我没有虚拟资金建造新的过山车。

    我以前经常在这款游戏上一连花费几个小时。我测试过不同的情景，尝试过雇用魔术师来娱乐排队的人，雇用更多的清洁工来清理垃圾，在工作日销售门票来满足公园的需求。这是体验经商的一种绝佳方式。即使不玩游戏的时候，我的大脑也在不停地思考怎么解决问题以及如何使公园盈利——就像拥有一家真正的企业一样。

    玩这款游戏能带来的两个主要好处是：

▶ 长期规划

    每当我采取行动或做出改变，人们便会在几分钟、几小时或几天内在我的虚拟世界中做出反应。我必须学会精准地预测未来，为每一种可能发生的情况做好计划。我必须以长期盈利为目标去经营这个主题公园，而不只是关注某一天的盈利。

▶ **评估不同的场景**

每一步改变都需要进行成本效益分析，通常还会涉及一些简单的计算。如果我把票价提高 5%，是否会导致顾客在食物上的花费减少 5%，而收益减少 10% 呢？如果公园足够干净整洁，顾客是否会喜欢四处逛逛，这样我是否可以不用开设太多的小吃摊呢？公园的布局对人们停留和排队的时间有多大影响呢？

回顾那段经历，我真的学到了很多通用技能。所有这些技能都与企业家的日常相关，即便我如今的生意不是经营主题公园。

行动建议：

　　桌面游戏、战略模拟游戏和商业模拟游戏也可以培养人们类似的技能，例如《风险》《象棋》《大富翁》《主题公园世界》和《过山车大亨》，玩这些游戏时长期规划能力十分重要。如今，有更多的游戏可供我们选择，如《咖啡大亨》《游戏开发巨头》和《运输大亨》等。选一个试试，看看它是否能激发你的想象力。

父亲鼓励我下国际象棋，因为我需要学习策略，必须在开局前就计划好接下来的 10 步。

安娜·科夫齐里泽，皮肤水疗中心

玩《大富翁》这样的桌游。《大富翁》能使孩子们学会如何制定预算和管理金钱，而且非常好玩。

亚力山德拉·艾克森，欧肯那根湖房地产有限公司

在我的成长过程中，父母非常希望我在解决问题的过程中发挥创造力。我的父亲经营了一家电气工程公司，他总是鼓励我们观察图案，用积木和工具做游戏，很重视培养我们动手学习的能力。小时候，我和兄弟姐妹们花了大把的时间观察拼图和数列，或者解决一些需要亲自动手的难题，那既有趣又富有吸引力。

凯西·希尔，希尔游戏公司

彼得·蒂尔

贝宝联合创始人

2004 年 8 月，蒂尔以 50 万美元的价格收购了脸书 10.2% 的股份，成为脸书的第一位外部投资者。

在 1977 年定居加利福尼亚之前，蒂尔夫妇曾在南非和非洲西南部（现在的纳米比亚）生活过。彼得小学转过 7 次学，其中一所小学位于斯瓦科普蒙德，那里校规严格，要求学生穿校服，还体罚学生，比如犯了错就会用尺子打手。

小时候，蒂尔是一个国际象棋天才。他 6 岁开始下棋，1992 年，他在美国国际象棋联合会获得了 2342 分的最高评分，后来被授予"终身大师"的称号。蒂尔还出演了《龙与地下城》，他曾是科幻小说的狂热读者，艾萨克·阿西莫夫和罗伯特·A. 海因莱因都是他最喜欢的作家，他还是瑞尔·托尔金的粉丝，成年后他回顾说他曾在童年时代读过十多次《指环王》。

蒂尔在斯坦福大学讲授创业课程，据他课上一名学生的听课笔记显示，国际象棋的许多规则都可以应用于商业，包括：像了解棋子一样了解团队成员的相对价值，了解游戏的各个阶段并制定计划，天赋很重要，成功不只是靠运气，要研究终局。

体验职业角色

○ 朱迪

　　一个人的思想会转换为语言，语言会转换为态度和信仰，态度和信仰又会转换为行动，而这些行动将塑造他们的未来。因此，一个人的思维方式在某种程度上将决定他所取得的一切成就。一个人对工作的看法也遵循这个规律。

　　我们了解的许多人都是很早就接触工作了，但这并不是说他们一定有份工作。比如一些事例中提到的：在餐桌上的谈话就足以培养孩子的商业意识，并促使他们去思考工作是什么、企业为何存在；有些家长会在散步时提出一些生意上的想法，并鼓励孩子对这些生意进行评估。孩子们也能从中了解到父母对工作的态度：他们是否喜欢工作，他们为此付出了多少努力，以及工作给他们带来了生活哪些方面的变化。

　　回想一下小时候，你是否还记得你对"工作"一词的第一印象？回想你父母曾做的工作以及他们经营的生意，你还记得他们做过什么以及日常的工作内容是什么吗？

　　现在，想想你目前正在做的工作是什么，以及你每天是如何度过的。如果我向你的孩子提出这个问题，他们会怎么回答呢？他们知道你是如何度过工作时间的吗？他们了解你工作的目的是什么吗？你可以问问他们，听听他们的想法。

随着年龄的增长，我们对经常见到的一些工作角色越来越熟悉，如教师、医生、店主、警察。大多数孩子都能准确地说明这些职业的工作内容。对很多孩子来说，还有一些其他角色也很常见，包括视频博主、游戏玩家和足球运动员等在电视节目里看过的一些人物角色，孩子们也能明白这些工作是干什么的。

你有没有问过孩子，他们认为企业家或商人是做什么的？答案可能会令你惊讶。他们可能看过《龙穴》《学徒》等电视节目或者《乐高大电影》里的生意王。我们希望他们对企业家和商人的印象是正面的，但可能事与愿违。

小时候，我以为我父亲是汽车销售。后来我才知道他的工作是管理汽车经销商，还教他的销售人员如何卖车。后来我发现，他经常被调往不同的经销点，帮助那些经营不好的经销商扭亏为盈。后来我又发现，他的工作主要是发展团队，并激励团队成员做好工作。随着我慢慢长大，他对我透露的细节也越来越多，这让我能更好地理解他的工作角色。5岁时的我根本不理解人事管理的复杂性，却懂得了汽车是什么，也理解了什么是购买。

因为我的母亲在家办公，所以我对她的工作也了解一点儿。我知道她要打电话，人们也会给她打电话。虽然我不知道她在跟谁说话，也不知道她在说什么，但我知道这些电话很重要，因为当我和姐姐太吵时，她会对我们发出"嘘"的声音，让我们保持安静。

对于那些不了解工作内容的孩子来说，体验工作环境会是一种有趣的经历。我记得我对父亲的工作非常感兴趣。我们坐在待售的汽车里，使用复印机，参观汽车的修理车间，迎接工厂送来的新货。这意味着，我不仅仅明白了父亲和他的同事们的工作内容，也对整个企业的运作方式有了了解。即使我只是在那里摆弄热巧克力机、影印我的脸，我也能学到经销商的运作方式，了解如何销售和交付产品。我看到销售人员与顾客握手、大笑，这里成了我一个新的学习地点。

许多学校在学生十五六岁时会要求学生具备工作经验，但我认为，到这个年龄才开始明白工作的意义，为时已晚。很可能这也正是那个年纪的孩子最不想花时间做的事情。尽早让孩子体验上班可以让孩子在真实情景中理解本书中的其他概念，比如供给和需求。此处有一些介绍并开展这个主题的方法。

行动建议：

🚀 在学校放假期间，如果可能的话，安排一天带孩子一起上班。提前计划好他们要做什么、要见谁。鼓励他们思考在你工作时他们应该做些什么。你也可以给他们安排一些任务来帮助你。

🚀 如果无法安排一整天的日程，你可以带他们参加一次会议，或者在休息日带他们来工作的地方转一转。

✦ 如果你正好要去拜访你的业务客户，看看是否可以带他们一起去。然后你们可以谈谈你的合伙人以及你为这些人做了什么。

✦ 选定一些工作有趣的朋友或家人，看你是否能在他们工作时找到机会前去拜访，让他们与孩子谈论自己的工作内容。

✦ 从孩子的角度思考。对你来说你的工作场所可能平淡无奇，但对孩子来说，却是一次大开眼界的经历。

✦ 关注儿童动画片《小猪佩奇》中的猪爸爸。他是一名结构工程师，这份工作相当复杂，但当他带着佩奇和乔治去他的办公室时，他们总是玩得很开心。其中有一集是《猪爸爸的办公室》，你可以利用这一集的内容与孩子谈论带他们去上班的话题。

✦ 探索同时也是工作场所的博物馆或遗址。每一处都是工作场所的实例。

✦ 从孩子的未来发展和理想工作这两个角度来探讨这些工作体验。如果你们谈论的是商业场所，比如你们看到某间很棒的办公室，那就与孩子聊聊他们将为自己的团队建设怎样的工作场所。假如他们想自主创业，那就与孩子聊聊与创业相关的话题。

我的儿子们不上学的时候经常待在我的办公室里。他们经常来，我从不赶他们去空闲的办公室或会议室，我鼓励他们在每个人进来时打招呼，包括我的员工和客人，我的儿子们不仅学会了自信地介绍自己，也懂得了"关系网"的重要性。我经常提醒他们，努力工作很重要，但你认识的人也会对你的成功产生重大影响，所以要经常与人交往，乐于助人。

考特尼·巴比，咨询公司 The Bookkeeper

我现在负责国际研究公司 SIS 的全球运营，这个公司是我的母亲露丝·斯坦纳特在 35 年前创立的。从我 6 岁起，她就带我去世界各地参加商务会议。在我很小的时候，我就和她一同去了亚洲和欧洲，参加了各种贸易展览。我学会了如何在会议、演讲和贸易展览中表现自己。她给我灌输了对全球业务、旅行和咨询业务的热情。

迈克尔·斯坦纳特，国际研究公司 SIS

从我小时候起，我的父母就在家工作，他们先是经营了一家棒球卡邮购公司，后来又开了家唱片公司。母亲说，她都是把我放在客厅的婴儿床上，旁边就是父亲的桌子，而他们就在那里办公。

小时候，父母聘用我帮忙给棒球卡片分类，我也会去父亲的店里帮忙。我常常看着父亲在客厅的书桌前勤奋工作，我也经常一边在客厅做作业，一边看他回复电话和处理发货信息。不上学的时候，我会帮忙把包裹送到邮局。我相信，正是因为看见父母在家中的努力工作，我才成了一名企业家。

珍妮弗·叶科，忍者招聘

米尔顿·好时

好时的创始人

目前，好时是世界上最大的糖果制造商之一。

米尔顿和他的妻子凯蒂预订了泰坦尼克号，但幸运的是，他们在旅行的最后一分钟取消了行程。

到 13 岁时，好时已经换过 6 所不同的学校了。好时的父亲亨利是一个梦想家，他不停地更换工作，一心追求他的下一个暴富大计。他的母亲范妮是一名虔诚的门诺派教徒。

家人希望米尔顿能像那时很多农村的年轻人一样，去家庭农场里帮忙，他早早就懂得了努力工作和坚持不懈的重要性。四年级后，好时的母亲决定让他辍学，学一门手艺。她给好时找了一份印刷厂学徒的工作：为印刷机设置好每个字母，然后给打印机装好纸张和墨水。但是好时觉得这项工作未免太过无聊。

在印刷厂工作了两年后，好时的母亲为他找到了一份糖果店学徒的新工作，在那里，他学会了制作糖果的手艺。不久之后，十几岁的好时向姨妈借了100美元，开了自己的第一家糖果店。有一段时间糖果店的生意十分不稳定，后来转机来了，好时开始专攻焦糖。他最终成功地创立了自己的焦糖公司，并在1900年以100万美元（相当于今天的3000多万美元）的价格将其出售。后来，他把目标转向了牛奶巧克力。当时，牛奶巧克力还是个奢侈品。好时公司决定研发一种牛奶巧克力配方，并将目标人群定位为美国大众。

了解工作的价值和意义

○ 朱迪

约翰·梅纳德·凯恩斯是 20 世纪的英国经济学家，他提出了"凯恩斯经济学"，其在经济大萧条、第二次世界大战和战后经济扩张期间，成为标准的经济模型。

凯恩斯提出，政府应该在经济低迷时期刺激需求，实际上就是付钱给人们让他们在地上挖坑，然后再填上。他认为，即使在这种花销无法创造任何社会价值的极端情况下，公共投资至少能恢复全面就业。

理论上这很有道理，但在现实中不可行。让我们想象一下：政府雇用工人在地上挖坑然后再填上，工人们日复一日地机械工作，只为了得到一笔薪水，然后让他们去消费拉动经济。这种工作毫无创造性，没有激情，也没有意义，它只是一种累人的体力劳动。工人们会感到快乐吗？他们会有成就感吗？他们能坚持多久呢？

在让孩子参与你的项目管理之前，应先考虑一下背景。你的工作包含一系列复杂程度各不相同的常规任务，这些任务都是为了实现公司的总体目标。可能你每周都有固定的工作流程，可能你习惯按部就班地完成工作，可能你正忙于一些特定的项目。这些独立的项目可能是为了满足某一特定用途，也可能是为了满足客户或消费者的某些需求。

让孩子们从微观层面理解你的工作和项目，将帮助他们更好地理解你的工作或公司存在的意义，以及你的工作价值。如果孩子们不了解这些，那么不管他们参与什么项目，都会感觉像是挖个坑，然后再填上。

行动建议：

基于下面的四步讨论法来确定该让孩子参与哪些项目。从那些能自然地吸引他们的事物开始。

让他们理解你为什么做这份工作。和他们谈论：

🚀 你的工作面向哪些人。

🚀 你的工作有哪些成就。

🚀 你的工作能如何帮助别人。

让他们知道你的同事是如何实现目标的。和他们谈论：

🚀 这个话题涉及了哪些人及他们的责任。

🚀 他们如何一起工作以确保工作完成。

🚀 如果某项工作没有完成会发生什么。

✎ 每个人为公司的更高目标做出了怎样的贡献。

让他们了解如何帮助你实现这些目标。你可以：

✎ 在一张大纸上画出你的角色，并写下你所做的每一件事（用箭头表示哪些事情会牵动其他事情，表明事情之间的相关性）。

✎ 谈论投入和产出，谈论工作出色意味着什么。

✎ 把你所做的每件事分解成一个个小任务。

✎ 找出他们对哪一方面感兴趣，或者他们对哪一方面更有疑虑。

✎ 选出一些他们可以帮助你完成的任务。

当你明确让他们帮助你完成某一部分工作时，与他们探讨：

✎ 成功完成该任务需要用到哪些技能。

✎ 怎么做可以顺利完成工作，怎么做会导致失败。

✎ 怎样才能让别人相信他们能够做好这项工作。

或者，你也可以采用"我们先试试"的做法，让孩子接受不同的任务。在这个过程中，让他们对这些工作形成基本认识，并将其发展成专业知识和个人见解。

我认为帮助孩子们理解创业的最重要的一点是，让他们尽可能多地增长见识。和他们谈谈你的经历，包括营销活动、提案、客户管理、创造性的工作、招聘人才等。你永远不知道什么会让他们兴奋或感兴趣，所以让他们尽可能多地接触公司各项事宜，这可能会激发他们的兴趣或特定的职业追求，或者他们可能想要创建和经营自己的公司。还有，即便他们没有创业而是为别人打工，他们也会赞赏企业家的经历，对自己的老板怀有深深的敬意。

特莎·梅·马尔，广告媒体 Mad Media

　　今年夏天，我带着 5 岁的儿子去上班。他很兴奋能像他爸爸一样去工作！我先给了他一张每日任务清单，上面列着他需要做的事情，并约定了酬劳金额，就像我对待其他员工一样。然后我问他打算如何帮公司里的其他人解决问题。我指的是那些小事，比如询问员工是否需要清洁地板或倒垃圾。让孩子思考如何为他人解决问题是训练他们像企业家一样思考的第一步。

柯特·多尔蒂，数控机床公司

　　我很小的时候，父亲因工作而深感苦闷，尽管他 20 ~ 30 岁一直在努力地工作，并成了当地一家物业管理公司的副总裁。每个午休时间，他都会开车在波特兰四处寻找可购进的潜力房产，然后和一位合伙人一起逐步开始投资。他在35岁的时候辞职了，那时我才7岁，我亲眼看到他的生活发生了变化。在这项新事业里，他自主经营自己的小生意，还让我做一些我擅长的小零工，比如给他的租客和承包商制作和发送节日贺卡。

切尔西·科尔，烤鸭炉食谱网站

社交媒体管理

○ 朱迪

　　我最喜欢的一位社交媒体公司客户，是一家名为小青蛙咖啡的家庭休闲娱乐中心。咖啡馆的老板，本，决意让他的孩子们参与到家族生意中来。他认为，如果孩子们懂得如何经营生意并且担负起运营业务，将对他们的未来发展大为有益。

　　当我的公司和他们全家一起为咖啡馆举行开业活动时，我们想过如何让本的四个孩子参与社交媒体的更新。他们都很熟悉脸书，也看过他们母亲的账号，但用它来推广他们的家庭咖啡馆就另当别论了。

　　以下是我们共同的想法：

- 让孩子们负责给咖啡馆拍照。这是一个好想法，可以吸引那些对咖啡馆的图片感兴趣并想前去参观的人。我们探讨了什么样的照片能吸引新顾客，以及由谁来拍摄。

- 让他们负责分享最新信息。比如一张新的菜单内容、一个新的区域或者一个新的玩具。让他们明白社交媒体上的最新信息对于某家店的粉丝非常具有吸引力。

- 让每个孩子负责寻找青蛙的图片。咖啡馆的名字和主题是青蛙，所以我们探讨了如何开展与青蛙相关的话题，并让青蛙话题变得有趣。这让我们萌生了很多与青蛙有关的想法：著名的青蛙、可爱的青蛙图片、青蛙的日常生活、电影中的青蛙……

行动建议：

设置场景：

🚀 先讨论公司如何运作、公司的经营内容，并尽可能地给孩子提供一些与真实工作场所相关的经验，然后把话题转移到企业如何吸引客户上面。

🚀 引入营销的概念，注意到周围何时正好有营销。例如，广告牌：广告内容是什么？他们想卖给谁？你觉得这是个好广告牌吗？为什么？

🚀 介绍专业术语。教孩子一些营销用语，如"触发行动""价值定位"或"产品特征与优点"，并通过做游戏的方式学着找到这些内容。

🚀 讨论广播和电视里的广告。

🚀 阅读报纸和杂志，找出广告和专题报道之间的区别。

🚀 查找一些你经常在社交媒体上关注的品牌。讨论以下问题：他们分享了哪些信息？他们想传递给你什么信号？他们分享这些信息的目的是什么？你喜欢吗？

🚀 当你外出时，关注每个看手机的人。他们在用手机做什么？他们很有可能在使用社交媒体。谈谈这对那些在社交媒体上发帖子的品牌意味着什么。

🚀 向孩子介绍消费社交媒体更新和生产社交媒体更新两个概念之间的区别。一个可以促进企业的发展，另一个可能只会浪费时间。

🚀 将上述内容与你自己的工作或孩子熟悉的品牌联系起来讨论，为他们提供学习这些知识的背景。确保他们理解企业为什么使用社交媒体，引导他们深入思考。

孩子们如何学习社交媒体管理：

🚀 练习。用一个虚假的公司名称建立一个私人的社交账户，这样他们就可以像该公司代表一样尽情发推送。要让经营的方式不落俗套。

🚀 谈论如何规划社交媒体上的帖子。为社交媒体的内容规划创建一个模板，让他们每天往里面填写不同的主题。

🚀 讨论如何用图片来展示某一业务。如果对摄影有兴趣，就把兴趣发展成商业摄影。一起探讨顾客在购买之前的心理预期。

前文中我们谈到了记录当天的事情。假如你是一个旅游博主、生活博主或美食博主，你怎样才能把日记变成让人感兴趣的文章呢？明白个人写作和商业写作之间的区别是社交媒体管理的关键所在。

如今，我创办了家族公司并以祖母多瑞塔的名字命名。我坚信，让孩子们参与这一过程，即从有工作到自己创业，是至关重要的。首先，他们将能理解这种转变给惯常生活方式带来的种种影响；其次，他们将能为家庭的创业助力。从那以后，我最大的两个儿子一直在帮我管理我的社交媒体账户，最近他们也开始学习如何为我的社交媒体拍摄视频。他们一个 13 岁、一个 15 岁，两人现在年龄虽小，但在将来，想必也能高效地利用社交媒体。

约瑟芬·卡米诺斯·奥里亚，拉多里塔厨师厨房孵化器

在我的大女儿 9 岁时，我帮她创办了她的第一家企业，这带来了巨大的好处：她在学校表现得更好了，增强了自尊心，我们用一个有趣的项目巩固了亲子关系。从那时起，我开始让我所有的孩子参与到创业活动中来。他们会一起制作他们的第一个播客，

我 10 岁的女儿建立了一个儿童书籍的评论网站，我 7 岁的孩子刚刚开通了一个视频媒体频道。

梅格·布伦森，家庭企业家播客

　　因为我教孩子们做饭，所以我的孩子们都会参与到我的生意中来。他们经常会成为我的社交平台上故事的一部分，甚至会出现在电视直播里，这使他们能够泰然自若地在公开场合发表演讲。他们也能在社交媒体上看到人们的评论内容，我认为这能帮他们树立信心。我 11 岁的女儿每周帮我做一次社交媒体统计；我 14 岁的儿子是视频编辑，他最近一直忙于为我们的社交媒体制作系列视频，并开始了剪辑视频的必修课。我们不断从同事那里得到反馈——"短一些，短一些，再短一些！"在社交媒体上，人们的注意力持续时间并不长，为此他不得不狠心地删掉每一秒不必要的内容。

　　凯蒂·金博尔，厨房管理有限责任公司和儿童烹饪瑞尔福网络课程

培养孩子的销售能力

○ 朱迪

    我在《聪明的泰克斯》播客栏目中采访过免费赠品网站 Latest Free Stuff 的创始人迪帕克·泰勒，想听听他建立该网站的灵感。想知道答案吗？他在很小的时候就发现了电子湾（eBay），并意识到他可以出售家里不需要的物品来赚钱。开始时他只是试探性尝试，只卖一些要被捐赠到慈善商店或堆放在阁楼里的杂物。他给物品拍照片、写描述，后来他收到来自全国各地的订单，这令他大吃一惊。他的妈妈很高兴他能帮助她保持房子的整洁，她也很欣慰她的垃圾能成为别人的宝贝。

    当时，电子湾是一个热门网站，而现在有许许多多其他的线上销售渠道，其中大多数都提供了一种零风险的方式，并让人们能熟悉与它相关的行动和术语。

    通过其他方式探索网上销售：

- 找出你想要清理的图书，在亚马逊上出售。点击"出售物品"，在亚马逊上架这些书籍。这种方法也适用于电子产品和其他家居用品。
- 留意邻居的清仓或甩卖活动，询问他们是否愿意合伙在网上出售物品。商定好分成比，制作电子表格并列出商品及销售价格。

- 年龄稍大的孩子可能会有时尚、写作或艺术方面的创作追求，可以在网站上出售他们的作品。与孩子一起浏览这些网站，问问他们"你的店会是什么样的"或者"你能创造些什么来出售"。

- 即使只是浏览购物网站，也能够激发孩子们的想象力，去思考他们可以创造什么来销售。

销售训练并不一定只能在线上进行，你还可以去组织有序的二手市场或跳蚤集市。现场销售的好处是可以真实、实时地体验供求关系，深刻理解他人的需求并学会协商。在这些场合下实践销售是锻炼人际技巧和培养信心的大好机会。

亲身推销的步骤：

- 调查一下附近正在开展的二手市场或跳蚤集市，在日历上标记。

- 找出不需要的物品，并把它们装在盒子里或放在特定的地方，这样能更清楚地分辨出哪些是可以拿去卖掉的。

- 准备。列出你需要的所有东西：桌子、晾衣架、价格标签、购物袋和资金。还有别的吗？

- 思考如何展示你的商品，使它们看起来更有吸引力。

- 练习。在销售活动之前，与孩子讨论销售过程中可能会发生的事情，并进行角色扮演，包括练习讨价还价。

● 带上记事本，记录下你的每一笔花销和收入。包括入场费、午餐费以及卖东西赚的钱。

● 如果这些步骤对孩子来说难度过大，可以让他们先以旁观者的身份参加。让他们关注展台的布局和物品的陈列方式，关注人们的谈话内容以及卖方是如何吸引客户和进行销售的。

行动建议：

如何激发孩子们销售的兴趣：

🚀 找出不需要的物品并装在盒子里或放在特定的地方，这样能更清楚地分辨出待售的物品。

🚀 一起浏览网站。对照你的物品清单，参考网上的价格（勾选"已完成清单"项）。

🚀 一起动手。留出一些时间，制定项目目标。

🚀 深入探讨接下来要做什么。如果商品卖出去了，你如何把它送到买家手中？如果商品卖不出去，你会怎么做？

🚀 如何处理盈利额。也许你们可以计划一日游或一起出去吃顿饭（在迪帕克的故事中，他用所得款项购买了更多的物品用于再出售）。

我的两个孩子都对创业很感兴趣，我的女儿主要是因为喜欢缝纫，所以我让她在高中选修了时装课，我还给她买了一台缝纫机。我支持她所做的每一件事，帮她推广她的作品，帮她找销售出路。她即将开通自己的易集账户。我一直努力让她意识到这需要付诸努力，虽有成功的前景，但也有失败的可能。

阿林娜·弗雷尔，糖果桌

　　我和丈夫都经营着小本生意，我儿子也很自然地受到了影响。他接触到的东西比我们意识到的要多。我们教他如何在"断舍离清单"上列出他的旧玩具。他负责拍照、定价，然后他口头描述物品我来记录。我们也一起讨论价格和练习找零。

史黛西·克拉伊齐尔－汤姆，小木屋公关公司

　　我在学校里开设了一个商业俱乐部，教授孩子们特定的创业技能。俱乐部里的孩子们被分成不同团队，他们需要努力完成一个精心策划的营销活动，比如圣诞集会。他们需要想出队名和队标，明确财务管理、创意管理、制作管理等负责不同业务的具体职位。每个团队还要进行市场调查，以确定潜在客户（出席展销会的儿童和大人）的目标产品。他们还需要申请贷款，在这个环节里，

他们先要填写一张表格，然后向一位成年人贷款并回答他的问题。最高贷款金额为 100 英镑。有了这笔钱，每个团队成员都尽职尽责地着手调查并进货。

他们还要设计海报、推文和会场展示，为他们的摊位打广告。展销会当天，他们要完全依靠自己的力量去经营摊位，与顾客商谈，收钱和找零。他们也要自己搭建和整理摊位，充分考虑摊位的布局和对顾客的吸引力。活动结束后，各个团队要一起开会。在会议上，他们将计算收益，偿还贷款，并捐款给他们挑选出来的慈善机构，用部分收益来做慈善。这之后剩下的所有利润都将分给团队成员，他们从自己的生意中可以获得真正的利润。利润最高的团队将获得"阿什布里奇企业家"奖。

卡伦·梅塔，阿什布里奇独立学校

英格瓦·坎普拉德

宜家创始人

"如果你对工作没有废寝忘食的热情，那么很可能你生命中至少 1/3 的时间都白白浪费掉了。"

坎普拉德小时候，他祖父的公司濒临破产，祖父因难以偿还抵押贷款而最终自杀。然而，他的祖母最终设法挽救了公司。祖母的经历让他懂得要有意志力，要不屈不挠，要努力攻坚克难。坎普拉德说祖母一直保护他不受外界干扰，祖父生前与他关系也很亲近。坎普拉德过去常帮祖父跑腿，祖父也总是鼓励着他的异想天开，让他相信一切皆有可能。

自坎普拉德 6 岁起，他就开创了自己的事业——卖火柴。10 岁时，他开始骑着自行车在附近转悠，售卖圣诞装饰品、鱼和铅笔。17 岁时，他的父亲因为他在学习上取得的成功而给了他一笔现金奖励。

"在经商方面，我想我和其他人有所不同，我很小的时候就展现出了经商天赋。姨妈帮我在斯德哥尔摩所谓的'88 欧尔[①]'拍卖上买来了我的首批 100 盒火柴。整个包裹价值 88 欧尔，姨妈甚至都没有让我付邮费。然后我以每盒 2 欧尔或 3 欧尔的价格出售，还有一些能卖到 5 欧尔。我至今仍记得赚到第一笔钱时那种开心的感觉。当时我还不到 5 岁。"

坎普拉德既没有接受过商业训练，也没有阅读过相关的书籍，而且他还患有阅读障碍症，他说自己早早辍学，但他一直用热情来弥补自己学历上的短板。此外，他总是充分利用时间。坎普拉德曾说："你可以在 10 分钟内做很多事情。10 分钟，一旦过去，就会永远过去。把你的生活划分为多个 10 分钟，尽量不要将这些 10 分钟浪费在无意义的事情上。"

---

① 瑞典辅币名，主币为克朗，1 克朗 =100 欧尔。——编者注

像企业家一样讨论服务

○ 朱迪

涉及购买和销售的商业模式很容易概念化。用钱换取有形的货物，计算每笔销售的成本和利润，这是形成商业认知的很好的切入点。学校举办糕点义卖或夏季联欢活动时，通常会引导孩子们交易一些低价商品。在基础金融教育中也有这类买卖商品的事例，如柠檬水摊。

然而，针对以服务为基础的企业，则需要更深层次的理解。付钱购买一项服务通常是指用金钱换取时间和专业知识，或让别人完成某项任务。计算利润时必须考虑到各个方面的投入。

《遛狗的薇洛》里讲述了一个关于遛狗公司的故事。孩子们把为他人提供服务作为体验工作的第一步。依据不同的年龄，孩子们分别负责为邻居们做家务、照看孩子、做园艺或洗车，通过这些方式，他们体验到了如何用时间换取金钱。薇洛的故事也引出了规模的概念，她并不局限于一次只遛一只狗，也不局限于已有的赚钱方式。她探索了如何让朋友帮助自己不断壮大遛狗业务。

年轻的时候，我曾经帮附近的一户人家临时照看小孩，我是按小时计酬的。有时这家人晚上会和另一家人一起出去玩，所以我要照顾两家的孩子，也能赚到双倍的钱。我做服务员的时候，也是按小时计酬，但工作做得越好，小费挣得就越多。在讨论服务业的时候，可以启发孩子们像企业老板一样思考，即从按小时收费转向基于结果或规模化的收费。

当我采访畅销书《高效忍者》的作者格雷厄姆·阿尔科特时，他告诉我他曾和一位朋友为邻居洗车赚钱。他们很快就发现，顾客期望的是一辆锃亮的汽车，包括车轮和车顶等不容易清理的地方。他们一起开发了一套系统，可以在最短的时间内达到这个洗车效果，洗完之后他们再去收钱。然而，有时顾客会认为他们洗得太迅速，质疑是否真的将车洗干净了。格雷厄姆很快就学会了先把所有车洗干净，而晚上再去收钱，这样顾客就不会把满意度与时间花费联系在一起了。

行动建议：

🚀 考虑邻居的需求。他们需要什么服务？他们需要哪些帮助？他们通常会抱怨什么？

🚀 查看你有哪些资源，思考如何利用它们。

🚀 成功的服务是什么样的？

🚀 讨论规模。如果进展顺利，你怎么发展壮大呢？

🚀 你会先找谁谈生意？

> ✒ 一起规划各个步骤，包括你将与谁接洽，你将提供什么服务，以及你的服务如何收费。
>
> ✒ 提前尝试听到"不"的回答。不是每个人都想洗车，这没关系。被拒绝不是针对你个人的——这是游戏的一部分。

我的父母支持我付诸努力。如果我卖东西，他们就会购买，并陪着我在社区里挨家挨户地兜售。我会自己走到邻居的门前，但他们会在人行道上等我。他们鼓励我自己去参加面对面的"会议"，我从中掌握了不少社交互动技巧，包括建立良好的眼神交流、进行有力的宣传、与陌生人轻松交谈以及表达感谢（不管那个人是否从我这里买了东西）。这些都是我现在成为企业家所要用到的技能。

罗米·陶尔米纳，防孕吐手环 Psi Bands

我的父母非常鼓励我创业。在我很小的时候，我卖过柠檬水、棉花糖，甚至还曾试图出售父母后院帐篷的分时段享用权，但很快就被他们阻止了。

乔舒亚·埃文斯，文化咨询公司

　　我一直让我的孩子们探索他们能满足社区居民的哪些需求并以此盈利，由此培养他们的创业精神。他们小时候曾决定制作独立日 T 恤，并于镇里的年度游行上出售。他们对普通 T 恤和喷漆的成本进行了预算，并为产品设定了合理的价格。他们一起制作 T 恤，一起设立销售摊位，一起经历赚钱过程中的乐趣。他们还想做一些其他的事情，比如开展遛狗业务和在人行道上卖巧克力曲奇。

　　　　　　　　　　　　　　唐娜·博佐，《烦躁终结者》作者

　　我在纽约西部的一个小镇上长大。我爸爸的一个同事兼职经营种植业，他有一大片花圃，年年都是花团锦簇。我大约 10 岁时，想赚点外快买一双新的棒球钉鞋，于是爸爸建议我去他朋友那里剪花，然后在我们家的路边售卖。我听从了他的建议，一天就赚到了 63 美元，当时的感觉好比赚了 100 万美元一样！那是我第一次尝试创业，那段经历为我长大后寻找其他创业机会埋下了种子。

　　　　　　　　　迈克尔·维特迈尔，贵金属零售商 JM Bullion

约翰·保罗·德约里亚

保罗·米切尔系列美发产品及培恩酒企联合创始人

截至 2020 年，德约里亚的净资产达 27 亿美元。1980 年，他与美发师保罗·米切尔成立了约翰·保罗·米切尔系统公司，贷款 700 美元，那时他只能住在车里。

德约里亚于洛杉矶的一个社区里长大，他的父亲是意大利移民，母亲是希腊移民。2 岁时，他的父母就离婚了。据德约里亚说，在父母离婚后，他学会了自力更生，并在 6 岁时加入了东洛杉矶的一个帮派。因为他的单身母亲被证实无法养活两个孩子，这两个孩子后来被送到了附近的一个寄养家庭，他们只能在周末去看望母亲。

"我的第一份兼职工作是 9 岁时挨家挨户地卖圣诞贺卡。10 岁时，我和哥哥一起送报纸，送的是一份叫《洛杉矶审查员》的晨报。我们要 4 点起床，叠好报纸，送出去，然后再去学校。"后来，德约里亚作为列德肯公司的入门级员工，进入了护发行业，但最终他离开了公司开始创业。

重视体育

○ 朱迪

如今的体育专业人士，像小威廉姆斯、克里斯蒂亚诺·罗纳尔多和凯蒂·泰勒等，不只从事体育运动，他们还把自己作为品牌来营销。即使不具备这几位运动员所积累的全球知名度，人们也可以从一项运动中获得一些通用技能，无论是身处球场、跑道、舞台，还是其他地方，这些技能总会有所助益。

参加任何团体运动都能够培养团队合作能力、沟通能力和决策能力，这有助于缓解压力、保持冷静，也能促进人们公平竞争、超常发挥，并使人学会关注自己所能掌控的事情。所有这些技能和能力都可以直接运用于商业世界中。

行动建议：

如何鼓励孩子在生活中进行体育运动：

✎ 一起观看体育比赛。与孩子一起观看电视上播放的奥运会或各种世界杯体育比赛，讨论并尝试你们观看的体育项目。在热情高涨的时候制订计划去尝试。越容易上手的运动，越容易成为习惯。

🚀 寻找当地的体育俱乐部。可以在谷歌上快速检索附近的一些俱乐部，它们大多数都会提供试听课程来介绍基础知识。刚开始时可能会遇到阻力，你可以向孩子们强调这是一个一次性的探索性练习，不是长期活动。循序渐进，确保孩子们不排斥新运动的尝试。

🚀 降低期望值。看看那些从事某项运动一段时间的人，刚开始时孩子们可能会对这项运动望而却步，但要向他们解释任何运动都有学习周期，并让孩子们确信，他们完全有可能在未来成为更优秀的运动员。

🚀 设定另一个目标，不要为了运动而运动。例如，武术可以用来保护自己。你们全家可以一起设定目标，并互相鼓励，以实现目标。

🚀 谈论运动员。运动员是很好的榜样，可以激发孩子们的兴趣，让他们有动力在自己选择的体育项目上不断进步。当讨论某一位足球选手或运动员时，谈论他们的日常训练，他们可能练习什么、多久练习一次，他们如何不断提升技能，他们有多喜欢自己所做的事情。

🚀 将体育教育看得与其他学科同等重要。还记得学校里的体育课吗？很少有人将体育课视为一门重要学科，因为它没有考试和作业。但将体育教育与核心学科看得同等重要能使孩子们重视体育运动。

我们强调，为了取得好成绩，你需要练习你那项运动。我们不希望我们的孩子认为他们只要参与了就自然会赢。当他们输掉比赛时，我们会问他们从这次经历中学到了些什么。

小道格·迪伯特，麦格菲视频营销平台

　　我一直到18岁都在踢竞技足球，多数时候都是和我的队友们一起踢。我们在年轻人的比赛中取得了很大的成功。当然，能有这样的成功是因为我们的球员很棒，但更重要的是，我们的球员敬业、勤奋、雄心勃勃，其中一些球员如今在美国职业足球大联盟踢球。我们每周训练三四次，通常是在晚上进行，我们对彼此都有很高的期望。我们学到了时间管理、责任感、奉献精神、团队精神和无数其他价值观的重要性。如果不是因为我在那家足球俱乐部的经历，我不可能掌握成功企业家所必需的生活技能。

杰夫·里佐，里兹克诺斯有限责任公司

　　我经常参加像足球、越野和田径这样的团体运动，我父亲总是告诉我，成为一个好的团队成员可以让我在生活中受益良多。事实证明，我的父母充分培养了我的创业精神。他们给了我信心、抗压能力和鼓励，这些都激励我坚持不懈、锐意进取。

佩奇·阿诺夫芬，马文斯 – 莫古尔斯咨询公司

阿诺德·施瓦辛格

运动员、演员、政治家
7 次当选奥林匹亚先生，4 次当选宇宙先生。

施瓦辛格在奥地利长大，据报道，他在学校期间成绩平平，但活泼的性格使他脱颖而出。施瓦辛格由父亲带大，他的父亲纪律严明。在父亲的监督下，他和他的兄弟遵守着严格的生活作息，包括规律的运动和特定的锻炼，早餐等家庭聚餐都是通过做仰卧起坐"赚得"的。每天做完家务后，他还得踢足球，风雨无阻。如果在训练中出了差错，父亲就会大声训斥他们。1960 年，施瓦辛格的足球教练把球队带到了附近的一个体育馆，自此，他开始痴迷于举重训练。

在他的《全面回忆》一书中，施瓦辛格回忆道，父亲也同样重视对他们进行思维训练。他们会参观各个村庄，用心读书、看戏剧。

从零开始规划

○ 朱迪

从零开始规划一个企业是非常有趣的。我最喜欢的消遣之一是思考如何把一个偶然想到的好主意变成真实的生意。即使我没有开始创业，我也喜欢这个练习本身。提出想法并评估其商业可行性是企业家们的日常。

遇到以下情况时，与你的儿子或女儿一起写一份商业计划：

- 当他们想出一个如何解决问题的好主意时。
- 当他们寻找赚钱的方法时。
- 当他们感到无聊，无所事事时。
- 当他们看到一个已经存在的业务，并想要拥有时。

一起做上述练习可以更深入地了解商业如何运作，能够激发创造性以及战略和商业思维，还有助于激起人们的雄心壮志。

你可以根据需要对这里的示例计划进行简单或复杂的处理。可以将这项业务与孩子们真正喜欢的东西联系起来，比如他们最喜欢的零食、玩具或爱好。你们计划的想法不一定是全新的，它可以是已有东西的改进版。

行动建议：

我建议你们先一起完成以下模板，当他们有了一些信心，再让他们自己来操作，你只帮助他们查漏补缺。你也可以打印一些，以便他们有想法的时候可以随手填写。

商业计划示例

名称：＿＿＿＿＿＿＿＿＿＿＿＿＿＿＿＿＿＿＿

日期：＿＿＿＿＿＿＿＿＿＿＿＿＿＿＿＿＿＿＿

业务名称：＿＿＿＿＿＿＿＿＿＿＿＿＿＿＿＿

你的业务解决了什么问题？

＿＿＿＿＿＿＿＿＿＿＿＿＿＿＿＿＿＿＿＿＿

你的业务是什么？

＿＿＿＿＿＿＿＿＿＿＿＿＿＿＿＿＿＿＿＿＿

谁是你的目标受众？

＿＿＿＿＿＿＿＿＿＿＿＿＿＿＿＿＿＿＿＿＿

你将如何销售你的产品或服务？

＿＿＿＿＿＿＿＿＿＿＿＿＿＿＿＿＿＿＿＿＿

如何让人们看到你的业务（营销计划包括价值主张、关键信息、广告）？

＿＿＿＿＿＿＿＿＿＿＿＿＿＿＿＿＿＿＿＿＿

> 　　所需的启动资金，以及这些资金的用途（固定和可变成本，盈亏平衡所需的时间）？
>
> _____
>
> 　　你的产品或服务的销售价格是多少（生产成本，每单位的利润）？
>
> _____

　　作为一名企业家，我一直努力教导我的孩子们如何成为企业家。我在家工作，所以他们可以轻易地了解到我的工作性质和内容。大儿子3岁时，有一天开始对创办自己的公司产生了浓厚的兴趣。我们从简单的事情着手，我问他想要开什么样的公司。他说他想制造玩具卡车。我建议他开公司要有自己的独特之处，这样才能在竞争中脱颖而出。然后我告诉他需要找一个设计师，还需要一个可以制造卡车的工厂。我们还讨论了运输、零售商和整个流程——我把它分解成儿童可以理解的术语，让他颇为着迷。我另一个孩子6岁时对建筑很感兴趣，我们也有过类似的谈话。对话就发生在上学路上，他们那时都对创造东西很感兴趣。

卡里纳·安东尼尼，儿童语言学习系统 Early Lingo

我的两个女儿想赚点儿钱，所以我们想方设法地让她们在七八岁的时候能开展自己的小生意。我们广泛征集一切可以赚钱的方式，阅读孩子创业的相关书籍，观看所有能在《巴菲特神秘俱乐部》中找到的视频。我的女儿们将对手工艺的热爱变成了自己的小生意。她们在当地的农贸市场出售她们精巧的工艺品。在此过程中，她们不仅学到了商业方面的知识，还学到了如何缝纫、如何在织机上编织和制作其他工艺品等技能。她们知道，把成本压得越低，所获利润就越高，而且还能从我们这里获得一些独特的圣诞礼物。如，我和丈夫曾多次出资让她们去当地农贸市场出售她们的商品。她们从家人这里以礼物形式收到了制作工艺品的材料，也用自己的钱购买了其他额外物资。总的来说，他们从这次经历中学到了很多东西，同时也赚了一些钱，她们将这些钱用于捐赠、花销或者储蓄。

布丽吉特·布鲁兹，《学龄前儿童的工作》作者

我女儿很喜欢自制面膜和药水。她研究了其成分和相应的功效，然后研制出了很棒的东西。我们非常鼓励她发展爱好，并教她如何创建一个商业策划，进而创建一家公司，我们还教她采购原料，以及如何形成社会影响力。

普丽蒂·阿迪卡里，人工智能服务公司 Fusemachines

04 | 赢在未来的指导

● 丹尼尔

孩子们会做傻事。他们经常做事不顾后果，他们肆意破坏东西，他们几乎相信别人告诉他们的任何事情，他们总是异想天开。他们完全没有意识到自己对世界知之甚少，常常自信满满，尽管事情已明显超出了他们的认知。

不要误解我的意思——那也是我们喜欢孩子的一个重要原因。我们喜欢他们的天真，喜欢他们纯粹的乐观和"厚脸皮"。然而，作为父母，我们有义务帮助孩子成功地应对这个世界上的种种挑战，帮助他们吸取有价值的经验教训。

作为父母、监护人或教育者，你可以直接给出答案，告诉他们该做什么，指出他们的缺点，以此来不断地纠正他们。简单地替孩子思考是比痛苦地教他们独立思考更快、更容易的方法——至少在短期内如此。

但是从长远来看，你并不想永远为你的孩子负责。你希望他们能有自知之明、有洞察力，在做决策时能深思熟虑。你希望你的孩子学会批判性思维，有良好的习惯，能对自己的决定进行有意义的反思。

作为父母，难免要面对的一个日常挑战，就是要在直接给孩子答案和指导，还是教他们自己想出正确的方法和主意之间做出选择。后者才是导师般的指导。这是一项通过问问题，而不是发号施令米塑造孩子的艰难任务。

十几岁的时候，我特别不喜欢学校里的一位老师，于是就逃了这门课。一天下午，父亲把我叫到一边，对我说："看来你这门课要挂科了。你认为以这种方式让老师知道你有多不喜欢他，就是最佳的解决方式了吗？"

我们探讨了这件事，我意识到我在通过让自己的成绩变差来惩罚一个根本不在乎我及格与否的老师。我父亲说："这门课不及格没关系，但我认为重修是下下之策，尤其是你可能还会遇到同一位老师。不过决定权在你自己。"通过一系列措辞严谨的发问，我弄明白了当时的情况，意识到顺利通过这门课才是上上之选。

每个人都有天生的决策能力。通过我与数千名企业家的合作，我看到人们为选择而冥思苦索，我观察到，每个人的脑袋里几乎都有三个大脑。

第一个大脑，我称它为"爬行动物"。这是我们愤怒、狂躁、哭泣、卑鄙、好斗、恐惧的那部分。传统上，我们认为大脑的这一部分会做出"战斗、逃跑、冻结"的反应，但最近我们逐渐认识到，这部分大脑负责"触发"我们自己。这个爬行动物的大脑会引发戏剧性的冲突，破坏原本能够成功的计划。

第二个大脑是"自动驾驶"。它是大脑无意识地浏览社交媒体、边开车边神游天外的那一部分。它是早上为你做早餐、系鞋带或回复简单电子邮件的那一部分。它是你喜欢现状的那一部分——如果你的生活围绕着琐碎的任务和无谓的娱乐，你将无比享受当下。

第三个大脑是"企业家"或"梦想家"。大脑的这一部分包含了无尽的创造力、策略、爱、同理心、同情心、聪明和灵感。你生活中所有精彩的事情——最棒的想法、最深刻的对话、解决难题的巧思妙计——都来自这里。

我认为我说孩子未来的成功取决于他们自己，这并不夸张。总的来说，就是让他们充分运用富有远见的思维模式，巧妙地应对突发状况。

成为孩子的导师通常是指通过反思事情让孩子更有远见卓识。7岁以下的儿童特别容易像爬行动物一样，任何事情都能轻易地点燃他们的怒火。父母可能会认为孩子发脾气是淘气的表现，想要管教孩子，而作为导师，你可能会把发脾气的时刻看作是学习如何更有效地应对爬行动物的机会，比如学习深呼吸或暂停片刻。

随着孩子长大，你不可避免地会和他们发生争论。如果你能保持冷静、顾全大局，这些争论就是教学的沃土。像国际象棋大师一样，牢牢地记住你的位置，同时也指导你的孩子如何优化他们的位置，有效地满足自己的需求。

不要因为孩子的执着而责备他们，让他们知道无论你是否改变主意，你都欣赏他们的执着。不要说"我回答过你了，我的答案不变"，你可以说"上次我们讨论过这个了，你还是没有补充你的论据，所以我的答案还是和之前的一样，但是你可以用不同的方式来呈现你的观点……"。这细微的转变会让他们知道发牢骚和抱怨无法改变现状，但是提高论据的力度可以。这样做，你既是父母又担当了导师。

9岁时的一天，朱迪来到早餐桌前，听到母亲的特别宣告："我刚从广播上听到，从统计数据来看，今天是一年中最快乐的一天。在这一天里，大多数人都心情很好，善待彼此。今天我们要评估看看有多少快乐的事情会发生在我们身上。"朱迪的母亲一整天都忙于计数，到睡觉的时候，朱迪承认这确实是非常美好的一天。

直到那一刻，她母亲才透露了真相。收音机预测，由于天气原因，这一天将是非常糟糕的一天，而且一年中的这一天是大多数人圣诞节后重返工作岗位的日子。朱迪的母亲解释说，如果你认为这是很棒的一天，那么它就是。朱迪一直将这堂人生课铭记在心，时至今日，朱迪仍然有意识地选择乐观地过好每一天。

不要只让孩子向父母和学校的老师学习，你也可以让孩子们向不同的老师学习，以此来指导他们。当你的孩子向家族企业家朋友询问问题时，请父母不要帮忙，让他们自己消化这些知识。鼓励孩子给他们心中的英雄写一封电子邮件，这将传递一个信息——成功的障碍并没有他们最初想象的那样难以逾越。

导师是那些经验丰富、成熟老到的人，他们积极地塑造那些迷茫前行者的信念，鼓励他们采取行动。显然，父母或监护人比他们的孩子拥有更多的现实经验，这使他们自然而然地成为孩子导师的不二人选。但世界上充满了有趣的人，父母可以在安全的前提下，让下一代从更多人身上吸取智慧。

有时，导师能看到更好的学习或成长的机会。视自己为良师益友的父母或教育者能够把紧张的情形转化为学习机会。

孩子们可能会做一些愚蠢的事情，但在正确的指导下，他们学习和成长的速度也是极快的。正如一位经验丰富的导师所说，这不是单方面的关系。一旦你把自己看作孩子的导师，它便会激发出你最好的一面，也会让你学到宝贵经验。

大约13岁的时候，我因想要一辆自行车而大发脾气。我在商店里看到了一辆最炫的特技小轮车，却被告知库存只剩一辆了。我想让我父母给我买，这样我就不会错过这最后的一辆车。我求他们不要让这辆完美的自行车被别人买走。

我们达成了交易。父母答应给我买这辆自行车，但是在我付清全部车款之前，它会一直被锁在车库里。根据协议条款，我甚至不能碰它，一想到那件禁碰物品就在我们的屋檐下，我就痛苦万分——我得想办法尽快把钱还清。我去清洗邻居的汽车和排水沟、修剪草坪、清除车道上的杂草，花了一个月去筹钱，在这个过程中我获得了巨大的满足感和成就感。

我父母做得很对。他们把我的欲望转化为积极主动的行为。他们利用了我的"爬行动物时刻"，引导我开动脑筋，让我找到解决方案，并努力实现它。在这种情况下，简单的选择是说"不"，或者给我买下那辆自行车，让我拥有它。然而他们没有那样做，他们引导我走上那条充满宝贵经验的道路。

在这一部分里，你将看到为什么"父母"和"导师"两个词既是名词又是动词。当你有了孩子，你自动被冠以"父母"的头衔，但是你有权选择养育孩子的方式。如果能意识到这一点，并积极发挥自己角色中的最大能量，你就会成为孩子的好榜样。如果有人因你的生活经验和智慧而敬仰你，而你也专心周到地向他人传递这些经验和智慧，那么你就是导师。

我告诉我的女儿，在尝试新事物时，感到恐惧是正常的。每个人都会恐惧。重要的是你要去尝试，要不然你怎么能从中学习呢？我每天都生活在恐惧中，害怕人们对我有偏见，对我所做的事、所说的话嗤之以鼻。然而，我克服了恐惧，将恐惧变成了兴奋，因为犯错并不是洪水猛兽，它也可以是美好的。我向女儿解释说为什么相信自己很重要，这不仅是为了她自己好，也是为了其他人好。当然，当你需要支持的时候，请寻求帮助。

科里妮·伍德曼－霍劳贝克，管理咨询公司 Contracted Leadership

在我失败的时候，父母总是告诉我不要气馁，他们总是能在每次失败中找到积极的一面。这鼓励我去分析自己失败的原因，学习如何在失败中进步。本质上，企业家精神就是大胆、勇敢，敢于冒险去实现看似不可能的事情。只有敢于尝试的人才有机会成功。我的父母教导我不要害怕失败，而是把失败当作生活的一部分来拥抱它。

莉萨·朱，服装品牌 Black n Bianco

　　父亲教导我不要害怕失败。我大概 13 岁的时候，他让我拆卸我叔叔的大众发动机。当时我对引擎一无所知，害怕拆错。几天过去了，他注意到我因为害怕失败或弄坏什么东西而迟迟不敢动手，于是他把我带到一个垃圾场，弄了另一个大众发动机带回家。然后他对我说："我要你把发动机的每一个螺丝、螺母和螺栓都拆下来，然后把发动机扔进一个盒子里，你把它扔进去后，我们就把它带回垃圾场。"我至今还记得那一刻。他为我创造了一个可以失败的安全空间，并教会我常常自省"最坏能怎么样"。这也让我明白，只要我够聪明，我就可以突破常规，尝试新事物。除此之外，母亲还教给我培养人际关系的重要性，教会我结交善良有趣、有友爱精神、能鼓舞人心的人。在我的职业生涯中，甚至在为人父亲的过程中，我都用到了父母教给我的东西，我永远感激他们。

埃里克·乔伊纳，北美工具制作公司

提升专注力

◦ 朱迪

精通是工作满意度的一个重要因素。精通于自己的手艺并不受干扰地使用这门技能可使人体验到更高的幸福感、满足感和成就感。精通可使工作完成得更顺畅、更有深度，并几乎毫不费力。当我写一本书、一篇文章或做一些我喜欢的事情时，如果能进入"心流状态"，我会欣喜若狂。因为这表明我进入了非常专注的状态，任何事都干扰不到我——我觉得我可以一直专心于此。

与此相反，如注意力分散、注意力短暂、做事匆忙和多任务处理，等等，都不利于进步或成功。然而，现代社会有时候更多地偏向后者。社交媒体、消息通知、突发新闻、干扰和令人分心的事物让我们无法专注于工作，也很难从中有所收获。假想一只狗由主人牵着散步，每看到一样东西时狗都想要嗅一嗅，花几个小时去探索，但每当它停下来时，主人就会拉一拉绳子，说："过来吧，我们得走了。"于是它只得跟着走。如果同样的事情也发生在我们的孩子身上，长期下去会对孩子产生什么影响？

如果我们不具备静坐和专注的能力，就不可能精通任何领域。许多企业家之所以成为企业家，是因为他们已经在某方面出类拔萃。我们成年后遵循的大多数习惯，在我们成长过程中已经根植于我们的行为之中。集中精力、专心致志是从小就应该培养的技能。

行动建议：

在练习过程中，可以这样：

🚀 在完成一个任务之前，不要转向新任务。

🚀 强调完成某事的重要性。

🚀 重视一个项目是否完成（而非是否完美）。

🚀 不只是设定目标，而且要督促练习和尝试。

🚀 为活动留出更多的时间，以便能达到"心流状态"。

🚀 每天的计划不要太满，以便为每件事情多留出一些时间，不必严格迎合时间表。

🚀 有意识地增加在活动上花费的时间来锻炼专注力。

🚀 先示范某件事情的做法，给孩子树立行为榜样。

🚀 确保游戏的复杂程度，使之具有足够的挑战性，同时又不会让玩家感到沮丧。

🚀 关注那些会令人分心的事物，思考该如何忽略它们。

无论我儿子现在在做什么，那都是最重要的事情，所以我鼓励他尽可能地坚持下去。我从来不会说"过来吧！我们走吧！"我们会去海滩或森林，用树枝和沙子做东西，我们能玩上半天时间，直到他想要玩别的。其他家庭只来操场上玩二三十分钟，但我们会待在那里几个小时。没人能和我们一起玩这么久，其他人都觉得很无聊。

德里克·西韦尔斯，个人网站 sive.rs

　　对于我自己的儿子，从高层面上说，我认为重中之重就是尊重他的直觉和兴趣，并基于此，鼓励他形成企业家思维。这真的是一个经典的教育举措。如果你的孩子说他们真的很喜欢海龟，你要知道你该在海龟相关的东西上发力了！我和我的妻子都是自主经营者，所以我认为在家里进行适当的"企业家谈话"可能会对孩子有益，但我觉得真正的秘诀是密切关注他的问题和兴趣，并利用这些来激励他。

马修·伯内特，超级天才股份有限公司

　　我的父母告诉我，教育是我通向世界的钥匙，我可以成为任何我想成为的人。但关键是要找到自己的激情和热爱所在，并思

考如何把时间花在喜欢的事情上。他们让我去旅行，甚至让我在
18 岁的时候独自去旅行；他们带我去博物馆；他们帮助那个小小
的、好奇的我寻找我提出的所有问题的答案。他们教会我永远不
要停止发问，要尽可能多地挑战自己的思想。我的父母从未强迫
我做任何事情，而是尽可能多地与我分享学习的机会。我的父亲
是一位商人，母亲是一位教师，他们自身也非常热爱学习，他们
一直坚持每天花时间学习艺术、文学、音乐和历史。我对学习的
热爱以及好奇心，已经超越了对扩大业务规模取得成功的热情。

乔安妮·索南沙因，合作社区 Connective Impact

杰克·多尔西

推特联合创始人、跨境电商 Square 创始人

2016 年 3 月，多尔西全额资助了在非营利组织
DonorsChoose 注册的约 600 所密苏里州公立学校项目。他每
天早上步行 8 千米去上班，他称这段时间为"最佳放空时间"。

十几岁的时候，多尔西很喜欢计算机，不分昼夜地研究
IBM（国际商业机器公司）的最早期版本。他对出租车调度、
快递员、应急服务和其他车队的概念非常着迷。他想创建一
个他所在城市的实时地图，将移动中的车辆显示为移动的小

红点。他的父亲蒂姆·多尔西是一名医疗设备工程师，曾收到许多美国各地的工作邀约，他经常出差，这也是多尔西热爱城镇的原因。

在杰克成长的过程中，他们搬了好几次家。无论他们搬到哪里，杰克都会立即买一张当地地图，在城里四处走走。小时候他不善言辞，这使他在整个初中时期都很腼腆。

据多尔西说，他本可以成为一名城市规划专家，但他童年时对城市地图的热爱取代了这个职业追求。起初，他试图将道路地图集转换成数字格式，然后利用电子公告板在他的地图上放置移动的物体。结果，他做成了一个真正的微型城市。"我相信快递员的工作很神奇，"杰克解释说，"我喜欢追踪快递员从一个地方到另一个地方，甚至是他在世界各地的实际路径。想想看，一个人拿着一个包裹，把它装进袋子里，走到某个地方，然后把它交付给另一个人，这很有趣。"

多尔西的第一次编程经历发生在他14岁的时候，当时他写了一些出租车调度和消防服务的程序。那时的他被警用扫描仪上的声音迷住了。多尔西在接受哥伦比亚广播公司采访时表示："他们总是在谈论自己将要去哪里、正在做什么、现在在哪里，这就是推特想法的来源。"

使用积极标签

○ 朱迪

最近，我看到一个 9 岁左右的小女孩穿着一件 T 恤，上面写着"我不专横，我有领导才能"。我很喜欢。这是一个对比正面标签和负面标签的完美例子。

我们小时候被贴上的标签会伴随我们一生。我们相信它们是真的，甚至是下意识地将它们作为我们身份的一部分。一个被描述为笨手笨脚的孩子在跌倒时，便会真的相信自己笨手笨脚，并越发笨拙。同样，一个被描述为没用的孩子在面对下一个障碍时可能会更容易放弃。对兄弟姐妹来说，把其中一个描述为"学术型"，另一个描述为"创造型"，似乎没什么害处，但我们都不是单一性格的人，不该只由一种特征来定义。学术型的人也可能富有创造力，反之亦然，使用标签来做区分并没有意义。另外，真的有人喜欢被定义吗？

作为成年人，我们可以选择用什么标签来描述自己，因为我们了解自己，我们不会轻易接受别人给我们贴的标签。我母亲很喜欢罗比·威廉姆斯的那首《爱我的生活》（*Love My Life*），歌词谈及强大、美丽、自由、美妙和神奇。如果你相信你拥有这些东西，你就会真切地感受到这些力量，你就会成为这样的人。如果你给自己贴上"笨拙""糊涂""局促"或"愚蠢"的标签，你就会成为那样的人。这并不是要让你认为自己是最好的，因为正面地认识、使用标签的另一面就是对别人也要如此，即做最好的自己，也让周围的人展现出最好的自己。我非常喜欢吉姆·卡斯卡特[1]的一句话："我想成为的那个人，会怎样做我将要做的事情？"

我的朋友希恩有一个 2 岁的女儿叫伊莫金。她注意到，无论伊莫金在做什么，人们描述她时关注的总是她的外表："她很漂亮。""她是不是很可爱？"还有一些熟人会说："多漂亮的公主啊！"西恩意识到，这些标签很快就会成为伊莫金内心的声音。伊莫金可能会开始认为一个人的长相是他们最重要的特征。现在，西恩尽量通过强调女儿的行为来描述她。她会用"坚强"和其他积极的形容词来描述伊莫金的性格。西恩还赞扬女儿的行为，夸她"勤奋""有耐心"。她更注重女儿的努力，而非结果。

行动建议：

- 当你使用标签时，请注意它们在未来将产生的效果。

- 区分行为标签和性格标签。

- 问问你的孩子，他们想要成为什么方面的专家，想以什么闻名，看重什么。

---

[1] 吉姆·卡斯卡特（Jim Cathcart），美国企业家、演说家、作家，是 Cathcart 研究所的创始人兼首席执行官。——编者注

> ✦ 思考如何将消极的标签转变为积极的或催人奋进的标签。
>
> ✦ 斟酌词语，反复强调积极的词，如使用"自信"而不是"不要害羞"，或者使用"清晰地说"而不是"不要含糊"。这样，他们就知道如何自我提升，而不是心存戒备。

从小到大，我母亲都叫我"老板"，她会告诉我我有多聪明。

艾丽西亚·怀特，花瓣计划

我父亲总是鼓励我的创造性追求（尽管是短暂的），他会用"执着""强大的领导"和"聪明"这样的词来形容我，这些词都被我内化了。直到今天，他和我母亲都是我脑子里反复思考新想法并努力让它成功实现时的"动力源泉"。

切尔西·科尔，烤鸭炉食谱网站

每天早上，我出门去上学时，母亲都会鼓励我："祝你成功！"她说这句话，而不是说"祝你今天过得愉快！"她鼓励我要发光发亮，并让我明白我每天都应该表现自己。

卡伦·凯莱赫，淘金唱片公司

托马斯·爱迪生

发明家和企业家

爱迪生创立了 14 家公司，包括至今仍是世界上最大的上市公司之一的通用电气公司。

爱迪生是家里 7 个孩子中最小的一个。他不断地提问和过度活跃的行为，让他与学校里的其他孩子格格不入。爱迪生在学校度过了大约 12 个星期时，他那位脾气暴躁的老师对他失去了耐心。

爱迪生回忆说："是母亲成就了我……她总是那么真诚，那么信任我……总是让我觉得有人值得我为之而活，我不能让她失望。"

南希·爱迪生是一位颇有成就的教师，她确信儿子坚定的性格和不寻常的外貌一定意味着他具有非凡的智慧，于是她决定在家里教她的儿子。爱迪生的早期教育主要来自理查德·格林·帕克的科学教科书《自然与实验哲学》，他还曾报名参加库珀科学与艺术发展联盟的一门化学课程。

12 岁时，爱迪生说服了父母，他要去工作。他开始在火车上卖糖果和报纸赚钱，后来还兜售蔬菜。到 13 岁时，他每周能赚 50 美元，他用赚来的大部分钱购买了电气和化学实验设备。

正向看待工作和金钱

○ 朱迪

当丹尼尔的儿子问他"你怎么赚钱"时，丹尼尔的回答为他的儿子奠定了财务充裕和富有创造力的基调。他说："赚钱的方法有很多，到处都有赚钱机会，以及数不胜数的资金。有时候家里到处都是钱。如果幸运的话，你可能会在沙发后面找到一些！"

而我的回答是："你可以通过给妈妈帮忙来赚钱，但你也可以通过创造一些东西来赚钱。这样，如果我想花钱买一本原创书或一幅画，那么我可能会从你那里买下它。如果你为我创作一幅美丽的画，那么我可以花一英镑买下它。你把那幅画给我，它就是我的了，我会把钱给你。"然后小家伙大概会说"真的吗，我能创造东西吗"，我会说"是的，你能！"

"我试着给他提供很多关于如何赚钱的点子和选择。不总是做家务、清理垃圾桶、清理排水沟等这些可怕的事情，还有其他各种各样的赚钱方式。"

○ 丹尼尔

当孩子们问我的工作是什么时，我很注意自己的回答。我给出的答案将会塑造他们的思维模式，关乎他们成年后将把时间倾注在什么事情上。如果我说"我不得不去工作"，他们就会认为我做的工作是违背自己意愿的。如果我说"工作是为了付账单"，我就是在给他们灌输一种工作不能致富的认知。告诉孩子们你所做的工作无聊、枯燥、重复、令人沮丧或没有回报，便会让他们以为工作都是如此。

如果你改变对于工作的评价，告诉孩子们在工作中能够获得成功、学习、成长，能遇到有趣的人，可以创造东西，会怎么样呢？如果你告诉孩子们，你对新一周的到来感到兴奋，而且看到了工作中有些有趣的问题需要解决，会怎么样呢？这种态度会影响你的孩子，它将会拓展孩子的思维，让他们认识到一个充满激情的工作世界。

行动建议：

尽可能积极地描述工作。工作可以是：

- 你做事的场所。

- 你创造机会的地方。

- 你与人们谈论、提出能改变世界的点子的地方。

- 你"想做"而不是"不得不做"的事情。

我在很小的时候就意识到创业和全球咨询很有趣。通过创业和全球咨询，我可以运用创造性思维帮助品牌走向全球，可以推出新产品、开展广告活动，并以有意义的方式进行创新，以此改变消费者的生活方式。我喜欢写作，咨询促使我笔耕不辍、推陈出新、开怀畅聊。母亲让我明白了创业给人"创造"的机会。她告诉我，创业意味着自由，自由地追求激情，自由地选择对自己有意义的项目。在我人生中大多数时候，"工作"其实就像"玩耍"，因为我对我所做的事情充满了激情。这是我成功的原因。

　　　　　　　　　　　迈克尔·斯坦纳特，国际研究公司 SIS

　　伊莎贝尔在 10 岁时问我为什么一直经营亏损的生意。那时我是一名成功的摄影师，但她却关注我所尝试的其他领域。我很高兴她能这样问，这样我就有机会向她解释：每件事都是一个学习的过程，一名企业家在真正成功之前通常要尝试很多业务。她的视角发生了很大的变化。现在我们有了一个价值数百万美元的公司，拥有超过 1.1 万名销售人员。她意识到坚持下去、不放弃是多么重要。

　　　　　　　　　　　劳拉·亨特，拉什林纳有限责任公司

尽管我父亲现在经营的汽车经销店是爷爷创办的，而任何经营自己企业的人都属于企业家——因为他需要不断创新。不过，我从不认为我的父亲是企业家，而认为他是企业主。我父亲经常谈论他的客户，谈论他是如何向他们销售产品的，谈论他是否完成了销售额，有时还会谈到人员管理上的困难。他还非常慷慨，为镇上的所有活动捐赠机油，也为一些特殊活动中的运动团队提供车辆。我记得经常有人在周末和晚上给我家打电话，父亲挂掉电话后就立刻去救助某个把钥匙锁在车里的人。由此，我懂得了工作是生活的一部分，是为社区服务的一种方式，它值得人们充满激情并为之努力。我也懂得了反复抱怨同样的管理问题并不是良策，每当我发现自己听起来像我的管理者父亲时，我就知道我需要做出改变了。但是，如果我听起来像我为之自豪的销售父亲和企业主父亲时，我是很开心的，我知道所做之事是正确的。

凯蒂·金博尔，厨房管理有限责任公司和儿童烹饪瑞尔福网络课程

我的叔父和堂兄弟姐妹大多从事建筑行业。我记得我曾帮康尼叔叔刷房子，为父母的工程效力。我从 12 岁开始就在工地工作，喜欢和朋友、家人一起工作，建造一些真实的东西；一天的辛苦工作能让我内心满足。用双手建造一些东西，体会一天的辛苦工作是什么感觉，这真的很有意义。

戴维·布鲁姆黑德，贸易猎犬

祖·马龙

大英帝国高继勋章获得者、祖马龙创始人

2006 年化妆品巨头雅诗兰黛以"未透露具体金额的数百万美元"收购了祖马龙的业务。2018 年，她因对英国的经济贡献而被授予大英帝国高继勋章，此前她曾被授予大英帝国员佐勋章。

马龙在英国肯特郡的一栋议会大楼里长大。她有严重的阅读障碍症，学校里的老师说她又笨又懒，但她相信自己并不像老师说的那样。以下是来自 2016 年《妇女与家庭》的采访：

> 我们的生活并不贫困，但肯定也不富裕。我从不觉得自己缺爱，但是，我确实从小就要负责养家糊口……我要确保橱柜里有食物。我们家里有电表和煤气表，我会把 10 便士硬币藏在房间里，因为我知道如果不藏起来爸爸就会把钱拿走，因为我们放学回家时需要电灯和暖气。我总是要精打细算。

马龙的童年生活让她早早就接触到了创业。她的母亲是一名美容师，为一位拥有小型护肤品品牌的女士工作，这个品牌以贵族头衔命名，叫作"拉巴蒂伯爵夫人"。马龙经常去伯爵夫人的公寓，那里也是公司的总部。据她回忆："我9岁的时候，伯爵夫人对我说'我想让你制作你的第一个面膜'。我在她的指导下做出来了。她还告诉我'生命中有一些非常特别的东西在等着你，所以如果你要做一件事，就要做得出色。'"

她还从身为艺术家的父亲那里学到了创业的技巧：当父亲在当地的周末集市上卖画时，她就陪着他。她十几岁时开始制作并销售自己的T恤。

允许孩子犯错

○ 朱迪

岸见一郎在《幸福的勇气》一书中指出，教育的目的是让孩子自立自信。教育和养育的艺术就是在正确的时间，以正确的方式给予孩子帮助。既不能太快，也不能太慢，又不能太多，也不能太少，以免让孩子灰心丧气。想要平衡好确实很难。在这本书中，岸见一郎不赞成对孩子进行赞扬和指责，而主张给予孩子支持鼓励、提供帮助和表达感激之情。在实践中就是：

- 说"我相信你能成功"，而不是"你该这么做"。
- 告诉他"如果需要帮忙可以告诉我"，而不是在他表示需要帮助前就插手。
- 说"谢谢你帮助我，这真的很重要"，而不是"你做得很好"。

成功的重要一环就是能够从失败中进步。要用积极的眼光来看待失误和失败，因为这表明一个人正在尝试新事物或在切实地提升能力。作为成年人，我们应该懂得，只有放弃才是真正的失败。错误只是学习曲线的一部分。

只要有机会，就去练习尝试、失败、学习、重复的模式，直至成功。然后再去尝试一些新的东西。应遵循这个生活准则：宁可说"我真不敢相信我做了那件事",也不愿说"我真希望我做了那件事"。弗里德里希·尼采说过:"那些没有杀死我们的,会让我们更强大。"

根据岸见一郎的教导,让孩子们自立自信不仅是为他们提供思想框架和鼓励他们做出正确决策,也要给他们机会从错误的决策中进步。

行动建议:

把每一次错误或失败都当成学习的机会,进行以下提问:

- 发生了什么事?

- 为什么会这样呢?

- 下次你会有什么不同的对策?

- 你可以怎样利用这次机会?

- 你怎么做才能阻止这种事再次发生?

- 你如何以不同的方式应对?

- 你如何让别人不重蹈覆辙?

我经常告诉我的女儿她很聪明，告诉她如果她能专心并下定决心去做她想做的事，她便可以做成。我也让她亲自尝试大部分事情（只要不危险）。当她只有 2 岁大时，看着她想要独自拎购物袋或拉外套拉链都非常有趣。当我想帮忙的时候，她说："妈妈，我自己可以。"然后她态度坚决地边用力边哼声。她成功时会高兴地大喊："耶，我成功了！我自己做到的！"

艾莎·奥弗里，普罗佩尔网络公司

　　在培养孩子创业精神方面，父母可以做的一件事就是鼓励孩子去冒险，让他们不时地体验失败。例如，如果孩子就某事想到了一个点子，而父母知道这行不通，也要让他们去做。让他们坚持到底，直到他们意识到这不是一个好点子，然后给他们以支持，鼓励他们想出其他的解决方案。

安德鲁·施拉格，碎钞机品牌 Money Crashers

　　作为一名企业家，我也学到了一些重要的人生经验，我很想在孩子小时候把这些经验教给他们——比如失败只是一次学习的经历。所以，当孩子在某件事上"失败"时，我们就会聊聊他们的点子为什么行不通。但是，我们现在明白了其实这样的经历很好，会让我们去思考下一个可能更奏效的想法。

梅格·布伦森，家庭企业家播客

拒绝单向对话

○ 朱迪

　　在即兴喜剧中，团队需要在没有剧本的情况下合作表演，营造让观众发笑的场景。即兴表演团队练习时需要遵守一些规则，以确保团队成员间配合默契，使表演达到最佳娱乐效果。其中一个规则是"好的，然后……"，即：如果团队中某位成员以特定的方式开始或延续了一个场景，其他成员也要跟着他演下去。这要求每个团队成员都能放弃先前所有关于如何展开这一场景的想法。

　　在美剧《办公室》中，有一集是粗暴的领导者迈克尔去上即兴表演课。在迈克尔出演的一个场景中，他的策略是拿出一把假枪，把所有人都打死。他的同学们都跟随他的想法，遵守了"好的，然后……"的规则。迈克尔的目的是确保没人能讲台词，这样他就可以演独角戏，成为节目的主角。在这里，迈克尔利用了其他人对即兴表演规则的遵守，但他并没有为观众考虑。你是否曾经被人叫停、打断过？那样既不好玩，也不会有收获。

行动建议：

将即兴喜剧中的这种模式应用到家庭对话中可以避免单向聊天。这样，每提出一个想法，人们在执行、规划或否定它之前都会进行深入、详细的探讨。我们可以使用"好的，然后……"，而不是"不行，因为……"：

- 好的。接下来会发生什么呢？

- 好的。你会怎么做呢？

- 好的。你什么时候会这么做？

- 好的。这意味着什么？

- 好的。为什么你认为它会奏效？

  而不是：

- 不行。因为这是个坏主意。

- 不行。因为你会毁了你的晚餐。

- 不行。因为没人会相信。

- 不行。因为你姐姐觉得这行不通。

想出好点子的最好方法就是先想出很多点子，然后把所有的坏点子都剔除掉。作为成年人，我们可以依靠经验，多年的经验可使我们本能地分辨出坏点子和好点子，但孩子怎么会知道哪些是坏点子呢？理想情况是自己解决。让他们可以按照自己的想法放手去做，直到意识到这行不通为止。

当前，我们的目标是当孩子想到一个点子时，用本书中提到的原则给予他们支持，培养他们的专注力、独立思考能力，让他们自己得出结论。他们可能会进入迷障，但也可能会发现自己的天赋所在。如果阻止他们去尝试，你就永远不会知道结果，他们也不太可能进步或得出结论。

教会人们如何评估创意的有效性，可以使他们领先于大多数成年人，更不用说儿童了。

我和我丈夫设法教给孩子们一些技能，如果他们有意愿，这些技能将有助于他们成为企业家。我们会根据孩子当前的年龄和成熟程度，刻意地以多种方式进行教授。例如，我们让 5 岁的儿子参观家里的装饰店，玩"购物"游戏。通过学习如何在可控的环境中与他人交谈，帮他建立号召力，培养人际交往技能。我们有一个店面，所以最近，我们让他参与到如何吸引更多客户进店的讨论中。儿子有何想法呢？雇一个乐队进行现场演奏，这样每个人都能听到音乐并想一探究竟！我们并不打算在短期内实施这个想法，但当他看到有机会贡献自己的想法时，他变得更自信了，他觉得自己和自己的想法是有价值的，这很重要。

娜塔莎·史密斯，女企业家联盟

我一直坚持在我 14 岁儿子的生活中扮演重要角色，我甚至会因他人生的重要时刻调整我的工作安排。我们非常重视培养他的创业倾向，我们倾听他的想法，我们说"是的"，而不说"不行"。我们鼓励他采取行动，把握机会。

凯西·帕塔克，《梅森制作：最爱的食谱》作者

培养孩子们创业思维的关键，是问他们："你怎么看？"我们经常忘记询问孩子们的想法和感受，甚至在他们自行思考之前就迫不及待地代为解决问题。

朱莉·史密斯，青少年心理治疗师

关注学校生活

○ 朱迪

一些学校非常善于培养小学生的进取精神，前提是要有足够多的教师支持并推进教学。但大多数学校并非如此。这是可以理解的，学校关注的是考试成绩，所以重要的是如何让孩子们在考试中取得高分。尽管两者并不矛盾，但大多数学校不会以激发创业思维的方式培养学生的学术能力。学校的大多数考试考查的是记忆信息的能力，或对所学公式或特定技能的应用，即使是艺术科目，也是如此。

一个好朋友正在纠结是让她的孩子上当地的小学，还是彻底改变她的家庭生活和日常规律——在家上学。她不确定主流学校体系是否适合她的孩子（或任何孩子），她也不确定他们将学习的东西是否能带给他们幸福美好的未来。

我认为可以培养孩子们一种心态，让他们在课堂上保持进取的态度。如果一个人学会以不同的方式思考、质疑，打造自己的人生道路，他们便能充分利用学校所教，走向成功的未来。

父母研究所的 J.H. 惠里在"家庭对学校成绩的影响"一文中提到，到孩子 18 岁时，他们清醒的时间中有不到 14% 是在学校度过的，所以有大量的课余时间可以用以教育、影响和塑造心态与行为。《家庭董事会会议》一书的作者吉姆·希尔斯用"18 个夏天"的概念诠释了如何利用暑假与孩子建立更深入的联系、减少对电子设备的依赖并增加家庭幸福感。

行动建议：

🚀 强调学校不只是教课。放学后，父母可以问孩子标准问题："你学到什么了？"也可以问其他问题："今天你发现有什么特别之处吗？有哪些意外之事吗？有哪些是你今天做得比昨天更好的吗？你对自己有哪些了解？你克服了哪些障碍？"

🖋 培养积极主动的学习态度。孩子们容易对涉及学校、某些老师的教学风格或带回家的作业等话题抱怨不休。但是，要知道公开贬低学校并不能让他们的努力换取想要的效果。积极主动的学习才能让你和你的孩子掌控学习效果。试着这样回答："是的，这道数学题太难了，但我们为什么不研究明白呢？你可能再也不会经历这个历史时刻了，所以这次就一举击破。"帮你的孩子认识到他可以学好某个知识点，甚至能够将其应用到最无关紧要的家庭作业中。

> ✒ 与其他孩子和老师进行充分互动。虽然上课可能只涉及听、学和写，但还有休息时间、午餐时间、课前时间和放学后时间，这些时间可以用于培养人际关系、情商和社交能力，也能够树立信心。在讨论学校事宜的时候，也要同样重视这些方面，如交朋友、开心玩耍和性格塑造。也要将教师因素利用起来，与教师交谈能很好地锻炼孩子与成年人交谈的能力。问孩子们："你今天和谁在一起了？你今天和哪些老师聊过天？你从别人身上学到了什么？你是怎么表示友好的？"

作为一名教师，此刻是一名校长，我一直认为应该给孩子们委派任务，让他们自己想点子，自己去做，尽量不干预他们，培养他们在传统学科课程之外更广泛的现实生活技能。

卡伦·梅塔，阿什布里奇独立学校

关键是学习和发展他们感兴趣的科目。所以，如果你不想学法律，就不要当律师。如果你喜欢读心术，那为什么不攻读心理学或法医学学位呢？我最小的孩子对大学学习很感兴趣。想做什么，就去体验、学习什么，这很重要。

克里斯·克罗克兹，运营商 Squaredot

我的母亲意识到教育的重要性，把我送到了一所非常好的学校。现在回想起来，这对我的"创业精神"有利有弊。一方面，我学会了如何努力工作，不断地争取成功，不管面对什么困难，我都坚持勇攀高峰，甚至不断地超越自我。但另一方面，我觉得我被塑造成了一个符合社会期望的成功人士，一个符合传统商业世界的人。不可避免地，我大学一毕业就进入企业工作，直到几年后获得伦敦商学院工商管理硕士学位时，我的创业精神才得以释放。正是在这两年里，我意识到了自己真正的使命，我知道自己不会一直为别人工作，在未来的某一天，我将独自展翅飞翔。

西提·梅塔，节奏 108 甜品店

阅读书籍

○ 朱迪

用演说家查理·琼斯的话说，"除了你遇见的人和读过的书之外，五年后，你还是今天的你"。

回想你成长过程中最喜欢的一些书，这些书很可能影响了你的世界观和你的人生定位。我记得我小时候特别喜欢看伊妮德·布莱顿的《疯狂侦探团》，这套书激发我去冒险、解开谜团。如果没有什么谜团需要解开，我就自己编造。许多儿童和青少年的书籍都包含了不同的世界或现实。它们鼓励我们发挥想象力，想象自己在书中的情景，然后问自己："如果我是书中的人物，会怎样呢？"

企业家一般都具有远见卓识。他们的工作是以一种全新的、其他人从未想象过的方式描绘一个世界、一个市场或者自己的生活。无论一个人的未来如何，书面文字都会对他们产生重大影响。许多角色或工作都以写作为基础，如内容创造者、编辑、教师或所有需要用电子邮件或面对面与他人进行沟通的人。

阅读不仅能培养想象力和创造力，还是学习字词、培养语言技能和获取信息的最有效方式之一。在书中，你会遇见不同的人物，追随他们的旅程，你能从他们身上学到很多。我认为每一种类型的书都有它适宜的阅读时间和地点，如睡前阅读、独自阅读或集体阅读。有时只需要一本书，你就会燃起对阅读或对特定主题的热情。

以下是一些推荐书籍：

- 山姆·麦克布雷尼的《猜猜我有多爱你》（0～3岁）。

  关于善良和互相照顾的初步介绍。

- 艾米丽·马丁的《愿世间一切的美好都属于你》（3～7岁）。

  激发孩子思考自己的未来。

- 苏斯博士的《你要去往多少美妙的地方！》（4～8岁）。

  鼓励读者寻找成功的方向。

- 《聪明的泰克斯》系列（6～9岁）。

  这些是我和别人共同创作的书，专门向孩子们介绍那些在其他地方找不到的、正面的企业家榜样。

- 马修·赛义德的《你棒极了》和《你很棒》（9～13岁）。

  激励孩子要勇敢，要实践，要自信。

对于青少年或年龄稍大的孩子，我推荐一些我曾在高中时读过的好书：

- 安东尼·罗宾的《唤醒心中的巨人》。通过书中教授的重要准则，可以学会调整奋斗的心态，控制情绪，改善人际关系和职业关系，精心设定目标。

- 蒂莫西·费里斯的《每周工作 4 小时》。我在 2012 年读的这本书，它改变了我的生活，包括我对财富的看法、想成为什么样的人，以及如何打发时间。书中介绍了生活方式设计这一概念，称其为建立职业生涯或创业的基础。这本书告诉人们要珍惜时间，在浪费时间之前要三思。
- 迈克尔·格伯的《突破瓶颈》。这本书翔实地介绍了如何创建和经营企业，同时也通俗易懂地解释了个体贸易商和规模化公司之间的区别，并有效地介绍了商业集团的系统和流程，在创建商业集团方面启迪人心。
- 詹姆斯·克利尔的《掌握习惯》。这本书提出了具有可行性的指导方法，教会人们随着时间的推移养成良好的习惯。
- 安杰拉·达克沃思的《坚毅》。这是一本关于毅力和成功的书，内容引人入胜，其中一个章节讲的是"养育有毅力的孩子"。
- 罗伯特·清崎的《富爸爸穷爸爸》。这本书利用日常情景从收入、支出、资产和负债等方面介绍了金融教育话题。本书不同于传统书籍中的定义和期望，它鼓励读者用书中的视角去看待工作和金钱。

要想把学生培养成思考者、成功的企业家，阅读可以用作教育的补充。父母需要让孩子不仅阅读社交媒体上的图片说明或文字，也要阅读深奥复杂的书籍和文章。阅读可以锻炼大脑和思维能力，不仅对孩子的学习成绩有好处，而且对任何专业领域的发展都有所助益，尤其是对于需要自己创业的企业家们。正如玛丽安娜·沃尔夫在 2018 年出版的《回家吧，阅读者》一书中所说，深度阅读对我们所有人的成功都有重大意义——即使是在科技时代。

科莱特·科尔曼，科尔曼战略

当我们不确定自己是否有能力登上报纸或成为老板时，苏斯博士的《你要去往多少美妙的地方！》将使我们不再沮丧……我经常搜集关于创业故事的绘本，目前我最喜欢的是阿什莉·斯拜尔的《了不起的杰作》。艾米丽·詹金斯的《冬季的柠檬水》是另一本我很喜欢的书，书中介绍了利润的概念，称其是衡量商业成功的关键指标。

吉米·格林，在线会计软件 Intuit QuickBooks

在我很小的时候，我的父母就会让我听有关自我提升的音频课程，以赚取我的零用钱。厄尔·南丁格尔、拿破仑·希尔、鲍勃·普罗克特、托尼·罗宾斯等人的课程深深地印在我的脑海里。这些作者大多宣传一种创业理念，以此掌握自己的命运和未来收入。这给了我巨大的信心，使我对自己所能创造的未来持有乐观的态度。

卡森·科南特，杂志经销商 Mediafly

奥普拉·温弗瑞

媒体大亨

于 2003 年成为亿万富翁，并经常被评为世界上最具影响力的女性。

奥普拉出生时，她的父亲正在遥远的海军基地服役。奥普拉的母亲搬去密尔沃基做女佣，把小奥普拉留在农场上和她严厉的祖母生活在一起。

奥普拉在这个与世隔绝的农场成长，这迫使她学会了自娱自乐。她和家里养的动物交朋友，也在书中找朋友。农场里没有电视，据奥普拉说，是她的祖母给了她生命中最珍贵的礼物——在她 3 岁之前就教会了她读书写字。

奥普拉回忆说，她严厉的祖母是她的第一个榜样。在一次采访中，她说她的坚强和思维方式都是她祖母的功劳。每个星期日，祖母都会带奥普拉去教堂，在那里人们称奥普拉为"牧师"。当她以独有的方式背诵圣经经文时，教堂里的人们都会肃然起敬。

奥普拉在 5 岁刚上幼儿园时很用心地给老师写了一封请求信，希望能直接升入一年级。一位老师收到信后很惊讶，答应了她。读完一年级后，奥普拉直接升到了三年级。

听励志歌曲

○ 朱迪

当我要做某事时，为了能进入状态，我会听一些能产生特定效果的音乐。如果我在写作，我会听能使我专心的音乐；在体育比赛之前，我会听明快、喧闹的音乐；在重要的会议或公共演讲之前，我会听能使我充满信心、让我振奋的音乐；在睡觉前，我会确保只听舒缓的和放松身心的音乐。

认知心理学家史蒂芬·平克把音乐称为"听觉奶酪"。虽然音乐不能完全创造某种体验，但绝对能提升体验。任何在长途汽车旅行中播放过音乐的父母都知道不同的歌曲能唤起不同的情绪，更不用说朗朗上口的歌曲会在脑海中停留很久了。

在家里，选择什么样的音乐就确定了以什么样的基调度过时间。歌词和节奏会进入人的潜意识，会让人感到快乐、励志、振奋人心，但如果你不小心选错了音乐，也可能产生完全相反的效果。

我喜欢那些能激发"一切皆有可能"心态的歌曲。以下是父母给我推荐的一些曲目，你可以试着在家里播放，也可以将其添加到某件事情专用的播放列表中：

- 夏奇拉的《尝试一切》（*Try Everything*），出自电影《疯狂动物城》。

- 《让爱随缘》（*Let It Go*），出自电影《冰雪奇缘》。

- 《这就是我》（*This Is Me*），出自电影《最伟大的表演者》。

- 凯蒂·佩里的《烟花》（*Firework*）。

- 西亚的《永不放弃》（*Never Give Up*），出自电影《雄狮》。

- 乔安娜·帕西蒂的《看我闪闪发光》（*Watch Me Shine*），
  出自电影《律政俏佳人》。

行动建议：

创建令人愉悦的播放列表来激发积极性：

查阅孩子们最喜欢的歌曲的歌词，谈论歌词内容。

下载他们最喜欢的电影的原声带。

谈论每首歌给人的感觉，并依据主题分成不同的播放
列表。

选择不同的类别，例如：起床播放列表，睡前播放列表，
放松播放列表或者创作播放列表。

在播放列表中轮流添加曲目或投票决定哪些曲目应被
纳入。

我记得我以前听《我想我能飞》（*I believe I can fly*），《将你震撼》（*We will rock you*）和《升级你的人生》（*Upgrade you*）。现在，当我需要放松或集中注意力时，我会在家里播放古典音乐。

卡利娜·斯托亚诺娃，独立时尚博主

我们是电影《冰雪奇缘》的歌曲《让爱随缘》和梦龙乐队的歌曲《无论代价如何》（*Whatever it Takes*）的超级粉丝。这两首歌都很棒。

劳拉·亨特，拉什林纳有限责任公司

我成长于20世纪80年代的德国，那时有许多与创业主题相关的新德国潮歌曲。例如，盖尔·斯图兹弗拉格的《国民生产总值》（*Bruttosozialprodukt*），以及迈克·克鲁格的《奶嘴》（*Der nippel*）——整体而言，这是一首关于用户体验的歌。

萨拜因·哈纳，"从零开始"文案编写机构

雅诗·兰黛

雅诗兰黛公司创始人

兰黛被认为是"每次购物都附赠一份免费礼品小样"的营销做法的首创者。

雅诗·兰黛出生于匈牙利和捷克混血的犹太人家庭，成长于纽约。

兰黛的父亲马克斯·门策在皇后区开了一家五金店。高中时，兰黛就经常和她的8个兄弟姐妹一起在这家店里工作。在这里，她学会了零售的基础知识。她不仅学会事事力求完美，还懂得要推销和推广高质量的优质产品。她清晰地记得父亲要把槌子和钉子作为圣诞礼物送给顾客时，他们是如何为其包装的。

兰黛在很小的时候就表现出了对变美的追求。她下定决心要变漂亮，她想成为一名成功的女演员，让自己的名字和名声享誉世界。她喜欢梳理母亲的长发，喜欢给母亲的脸涂上面霜。

第一次世界大战爆发后不久，雅诗的舅舅、化学家约翰·舒茨来到这里和他们一起生活。她观看舅舅工作，学会了舅舅的手艺，很快就开始制作自己的美容霜。兰黛说，她的舅舅就像是"一位魔术师和指导者"——没有人能像他那

227

样捕捉到她的想象力。

兰黛十几岁时，就开始在当地的发廊销售自己的产品，她的产品被命名为"希望之罐"，为了获得订单，她会附送免费样品。

1985 年，节目组以兰黛为主题拍摄了一部电视纪录片《雅诗·兰黛：成功的甜蜜气息》。在解释自己的成功时，兰黛说："在我的生活中，我没有一天不卖东西。如果我看好某样东西，我就会竭力推销它。"

了解家庭背景

○ 朱迪

英国有一档名为《你以为你是谁》的家谱电视节目，名人们在节目中追溯自己的家谱，常常会得到出人意料的结果。嘉宾们发现他们的祖先经历了种种困难，做过各种各样的工作。有些嘉宾发现他们的曾曾曾祖父母是罪犯，或者是黑帮成员，抑或是他们的一生对历史发展有过重大贡献。

许多不同的国家都复制了这档节目的模式。让人们了解自己家族的这个想法很吸引人，而且可以很容易复刻。这些人与我们有着相同的血液，因此听听他们的事迹会使我们觉得我们也能够复刻他们曾获得的成功。这能深深地鼓舞和启发我们。如果他们曾经历过困苦，那么这也会让我们有信心发挥抗逆力来度过我们的艰难时期。我们总会在远亲的故事中有所收获。

有很多方法可以了解家谱。我喜欢听我祖辈的故事和事迹。在我的家族里，有各种各样关于人们克服逆境，迎来美好生活的故事。

行动建议：

✈ 向姑妈、舅舅、祖父母等人询问他们的祖父母和远亲，以及他们对这些人的了解，并进行记录。

✈ 不断了解，直到找到能引起共鸣的故事。

✈ 为家庭成员做档案。为他们画画像、写传记。

✈ 问问祖父母他们是怎么挣钱的以及他们最大的成就是什么。

✈ 问问祖父母他们是如何克服障碍的。

✈ 将学到的东西运用到现实生活中。问一些问题，比如某位家人会如何应对这一挑战？

✈ 如果家庭成员的例子都用完了怎么办？用历史上的例子代替。看看谁能激发孩子的兴趣，就试着搜索他的人生履历和成就。

如果无法追溯家谱，还有很多别的方法可以找到供家人学习的对象：

✈ 让孩子想想所有和他有共同点的人。包括和他住在同一条街区、同一个城镇里的人，上同一所学校的人，甚至是支持同一支足球队的人。

🖋 列出那些经历非凡或工作有趣的人。

🖋 制订一个谈话计划，全家人一起与他们交谈，并参与其中。

🖋 设置问题，激发孩子们的兴趣。"问问 X 先生……问问 Y 夫人……"

🖋 想想那些不存在于你生活中的人。互联网和书籍里有大量的传记资源，世界各地都建造了介绍名人事迹的博物馆，例如安妮·弗兰克故居、罗本岛——纳尔逊·曼德拉在这里度过了 27 年牢狱生活中的 18 年，等等。

小时候，父亲经常和我谈起我的祖父，遗憾的是我从未见过他，但他的人生经历却深深地激励了我。我的祖父斯坦利·埃文斯于第一次世界大战期间在法国和比利时服役，后来他成为一名工党政治家，并成功经营了一家自己的企业。多年来，每当我取得了令父亲骄傲的成就时，他就会说那句他父亲曾经对他说过的话："德比冠军孕育了德比冠军。"这句话让我开心，也让我充满信心，让我相信一切皆有可能！

山姆·泰勒，锅匠·裁缝

我的外祖父 19 岁时身无分文地来到美国，在宾夕法尼亚州一处危险的煤矿里工作。后来，他辞掉煤矿的工作，前往俄亥俄州克利夫兰，途中他做过管家、园丁和家庭维修工。他在克利夫兰创办了自己的钢铁厂，运营至今。他的这段经历对我影响深远。

苏珊·戈尔德，品牌营销公司 SGC

我 3 岁的时候，母亲为了远离战争，做出了一个勇敢的决定——举家搬迁至加利福尼亚州。我从母亲的言传身教中学到了许多，包括她为保护家庭所做出的牺牲和忍受的艰辛。如今作为成年人，我非常认可和欣赏她教给我的那些道理，它们为我的事业指明了方向，是我商业经营中必不可少的一部分。

琼·梅，先锋数字广告公司

我一直在向我 3 岁的侄女讲述历史上那些了不起的女性，我也教她向世界上所有了不起的女性学习。现在她心中的英雄是玛丽·居里。她想成为一名医生，像玛丽·居里那样帮助人们。

娜奥米·普赖德，德威律师事务所

霍华德·舒尔茨

星巴克董事长兼首席执行官

1988 年，星巴克成为美国首批为所有员工，包括兼职工人，提供医疗保险的公司之一，这在当时是闻所未闻的福利。

在舒尔茨 3 岁时，他们全家搬进了布鲁克林一个公共住宅区的一间小公寓，除了混凝土篮球场和足球场，那里空无一物。舒尔茨心知肚明，摆脱贫穷绝非易事，但他想要成功的决心足以克服任何困难。

舒尔茨在自己的网站上说："我印象最深的一幕是父亲躺在我们家的沙发上，神情沮丧。那时我大约 7 岁。当时是冬天，他从事送尿布的工作。一天，他摔倒在一块冰上，臀部和脚踝都摔伤了。他被解雇了，他没有医疗保险，没有补偿金，也没有存款。父亲无助地躺在沙发上的画面一直萦绕在我心头。

"大多数人都叫我母亲波比。她是美国梦的坚定信仰者。是母亲给了我信心，让我相信有一天我可以为自己创造更好的生活。我们家常常付不起账单，一家人挤在七楼的小公寓里，愁容满面。我想逃离混乱的家庭，于是经常坐在楼层之间的楼梯间里，幻想着更好的生活。"

舒尔茨大学毕业后的第一份工作是挨家挨户地推销办公设备。他每天要打 50 多个陌生电话。他喜欢与人交谈，也很擅长销售，他总是把一半的薪水上交给父母。

相信榜样的力量

○ 朱迪

孩子只会想要成为他们所熟识的人物。要想让孩子们有足够的想象空间，有远大的梦想和抱负，就要让他们意识到人生有无限可能。孩子们小时候听闻的企业家、商业领袖、品牌创始人，以及见过的朋友和家人，将会对他们的抱负和未来产生深远影响。

有些人能使我们了解到一种工艺的复杂性，我们可以学习他们的精确和匠心；有些人能使我们认识到他们如何对待自己的工作以及他们拥有怎样的人生观。有机会认识和了解来自各行各业的、形形色色的人，可以为一个人提供多个参照来设定目标。

镜像是指一个人无意识地模仿另一个人的行为、语言或态度，这在亲密关系和家庭中很常见。镜像是一种基于人类同理心而建立融洽关系的行为，它能影响人的一生，包括人们的事业、人际关系和思维模式。

孩子与什么样的人互动，便会将自己塑造成什么样的人。有意识地让孩子们结识积极、成功、快乐的人，他们的思想和行为就会朝着这个方向发展。

你的言谈举止将被看作是可接受和可取的行为基准，因此以身作则对培养孩子至关重要。与践行你所宣扬的精神、成为孩子可以效仿的榜样相比，书中列出的其他方法的成效就显得微不足道了。

许多企业家在成长过程中就了解创业的榜样，他们看到这些人表现出非凡的自信、积极性、创造力和解决问题的心态。当他们做出自己的事业抉择时，这些特质便能淋漓尽致地体现在他们身上，内化成他们的品质，并伴随他们一生。

你将成为对孩子最具影响力的榜样。你提出的问题、遵循的价值观和你的言传身教，都将给予孩子们所需要的技能和品质，使他们成为真正有进取心的人。

定下一个目标：将来你的孩子会很高兴听到有人评论他们"你说话真像你妈妈"或"你和你爸爸一样"。他们的举止、态度、世界观，甚至是他们的笔迹，都会受到你的影响。

行动建议：

从你开始：

✦ 你想让你的孩子效仿哪些习惯？你不想让你的孩子效仿哪些习惯？

✦ 你怎么扬长避短？

✦ 有哪些你注意到的、他们已经在效仿的习惯？

✦ 你如何一步步地成为一个了不起的榜样？

✦ 你希望自己小时候看到或经历什么？

我认为最重要的是以身作则。高科技使我们几乎一周无休地工作，而当孩子在身边的时候，我会更努力地工作。我认为，这实际上是为了让他们接触到对我来说很重要的价值观，比如努力工作、完成任务、承担责任和享受你的工作。

莉萨·贝内特，视频平台 Kaltura

父亲在我 5 岁时就离家了，母亲别无选择，只能辛苦工作，好让我们有个栖身之所。直到今天，她仍然是我的灵感来源，也是我"勤奋"职业道德的来源，这是我如今取得商业成功的基础。我母亲是一名发型师，也在多个地方做保洁，同时还做临时护工。小时候我很少见到她，但她会向我解释她的工作，所以我明白她在做什么，也明白她为什么要做这些。

12 岁的时候，我每天晚上、周末和学校放假的时候都去农场干活。一部分原因是，我知道如果我想要什么好东西，我需要自己挣钱来买，还有一部分原因是我见过妈妈辛苦工作，所以我不畏惧工作的艰辛。直到今天，我都把我经营企业时的职业道德和创业动力归功于我母亲的以身作则。

李·吉尔，流动办公家具和室内设计

我母亲是最早以全额奖学金从波士顿大学法学院毕业的三位女性之一。她教导我成功来之不易，只有刻苦努力、坚持不懈，才能获得成功。

戴维·斯通，数字化食品供应链 Forager

杰夫·贝佐斯

亚马逊创始人兼首席执行官

世界上最富有的人，有望在2026年成为第一个万亿富翁。

如今被形容为"智力超群、动力十足、痴迷于细节"的贝佐斯在很小的时候就对事物的运作原理表现出了兴趣。尚在蹒跚学步之时，他就设法用螺丝刀拆卸婴儿床。十几岁的时候，他的妹妹和弟弟喜欢进他房间，玩他的那些有趣的玩具，所以他发明了一个电子警报器，在他们走近时提醒他。

12岁时，贝佐斯想要一个叫作"无限立方体"的东西。这个装置由一组小型的机动镜组成，它们互相反射，能呈现出无尽的图像。这个无限立方体售价20美元，贝佐斯没有那么多钱。于是，他用自己的钱买了镜子和其他零件，组装成自己的反射体。

后来贝佐斯的父母让他把所有的发明都搬到车库里，他把车库改成了一个实验室，在那里做科研项目。贝佐斯从四年级到六年级是在休斯敦上的小学。夏天，他会在农场干活，包括铺设管道、修理风车、给牛群接种疫苗等农活。

高中时，贝佐斯在麦当劳做早餐班的快餐厨师。他在学校开创了他的第一份事业——梦想学院，这是个面向四、五、六年级的教学夏令营。

他的祖父有广博的科学知识，并一直在牧场工作，他是贝佐斯的人生榜样。在 2010 年普林斯顿大学毕业典礼上发表演讲时，贝佐斯对毕业生们说，他的祖父曾告诉他"善良比聪明更难"。

结尾

● 丹尼尔

你还记得那个软乎乎的小脸和小小的身体吗？它很快就长成了一个充满好奇的小孩。你有没有注意到孩子们很快就变得更高更瘦了？前一分钟他们还在蹒跚学步，后一分钟他们就活蹦乱跳起来，然后忽然之间，他们开始和你辩论了。小孩子会以极快的速度长成青少年，然后成为成年人，步入社会，出人头地。

如果你正在读这样一本书，你可能已经与孩子分享了成千上万个充满力量的小瞬间。可以肯定的是，你为打造更好的亲子时光做了很多重要的事情，其中包括你有意地花时间朝正确方向引导他们——你的一言一行使孩子变得更好。

为人父母是一项艰难的工作，对许多人来说，为孩子提供最基本的生活保证有时都不容易。不遗余力地给予独有的指导、培养技能和提供机会不是一件易事，但这至关重要。当你让孩子们尝试新事物，并从中学到有价值的经验教训时，当你挑战他们、哄骗他们甚至引诱他们走出舒适区时，你为他们打开了一扇潜力之门，让他们看到自己的创造力、影响力和控制力。

如果你发现其中的某一刻将是你一生中做过的最重要的事，会怎么样呢？如果你的言行促使他们克服重重压力，完成你提出的要求，并让他们走上一条重要的道路，会怎么样呢？如果你的一个小小举动激发了他们的好奇心，树立了他们的信心，教会了他们一种技能，或者教会他们更明智地思考，会怎么样呢？

如果像滚雪球一样，你的孩子在20多岁时做出了一些了不起的选择，在30多岁时从事了重要的工作，并为世界创造了巨大的价值，又会怎么样呢？

你今天做的小事有可能在某一天发挥巨大的作用。相比培养出一个自信、有能力、有同情心的孩子这样重大的成就，你的事业成就将显得微不足道。

世界上最成功的企业家和变革者常常会回想起那些帮助他们走向成功道路的童年记忆。女男爵米歇尔·莫妮在苏格兰一个贫困地区长大，但凭借令人印象深刻的内衣公司 Ultimo 的成功，她成了一名千万富翁。她回忆起祖母在一家中餐馆里鼓励她的话语，这些话语让她相信自己可以摆脱贫困，走向成功。如今，她是重要慈善机构的董事会成员，也是上议院的女男爵，参与制定了将影响数百万人生活的政策。

虽然米歇尔的祖母没能得到一大笔支票，也没被授予大英帝国官佐勋章或上议院的贵族爵位，但重要的是，她让一切改变发生。正是由于她在中餐厅里对米歇尔的指导，引发了一连串改善世界的事件。

白手起家的亿万富翁博文·图拉克亚说，他的父亲对他说过几百次"只要不违背基本的物理定律，只要你下定决心，你就能做成任何事"。这条建议，加上一笔350美元的贷款，成就了一家全球性企业，创造了一笔家族财富，并激励了数千名企业家。虽然博文的父亲没有登上《福布斯》杂志的封面，但没有他，就不会有他的亿万富翁儿子。在有价值的软件公司出现之前，要先在心理上预备就绪。

理查德·布兰森经常谈到他的母亲伊芙在他成长过程中扮演的角色。他认为，正是童年的经历让他走上了一条改变数十个行业、创造数千个好岗位、影响数百万人生活的道路。理查德·布兰森爵士将被人们铭记为有史以来最伟大的企业家和变革者之一，而他是第一个这样说的人——如果不是母亲培养了他积极进取的勇气，他根本不会去创业。

从这本书的事例中，你可以看到各个阶层培养创业型孩子的各种方法。

你已经看到了改变孩子思维方式的策略，包括让他们拥有创造力、同理心、策略、掌控力、适应力和自由的方式。

当今世界比以往任何时候都更需要能够成就大事的领导人。人类面临着极为严峻的社会问题，我们的家园危在旦夕，不可逆的伤害一再发生，我们向空气中排放有毒的化学物质，向海洋倾倒无法降解的塑料，不均等地分配着资源，牺牲了地球上约半数人口的利益。

我们知道人类面临的问题。联合国制定了 17 个可持续发展目标，着眼于解决事关数十亿生命、庞大的生态系统以及人类生存的重大问题。这本书非常荣幸地有助于实现以下目标——目标 4：素质教育；目标 8：体面的工作和经济增长；目标 10：减少不平等。在这 17 个目标中，每一个都是一个机会，等待着有人提出可扩展的、有价值的解决方案，并吸引投资者占领市场。

作为家长或监护人，我肯定你不得不关注这些问题。遗憾的是，并非所有这些问题都会在你的孩子步入社会时得到解决，但孩子们可以通过良好的领导力和创造性思维去解决这些问题。世界需要更多人来做这件事。这个世界需要那些能将想法转化为行动并创造出价值的人。这个世界需要有创造力的反叛者、变革者、富有同情心的领导人和创新型的企业家。

创业的核心是大规模地解决问题。培养创业型孩子就是为未来的领导者奠定基础，未来的领导者将有能力以某种方式改善世界。我们的目标不是让你的孩子成为儿童企业家，而是要给他们信心、技能和机会，让他们长大后成为改革者。

在过去的 100 年里，最好的机会是制作运动鞋、开设汉堡店和制造更轻便、性能更出色的计算机。如今，这些市场已经成熟并高度饱和。未来 100 年里，最好的机会是解决那些困扰我们这个星球发展的问题。我们将看到亿万富翁们通过研发可持续能源、消除塑料垃圾、发明新的食品工艺、改革教育和消除贫困而取得成功。

"遗产"这个术语经常被混淆。许多人认为他们留下的遗产就是将来他们被记住的方式。事实上,很少有人被记住,无论他们做过什么,无论他们是谁。如今,许多国王、王后、首相和总统几乎已被遗忘。如果他们都无法被记住,我们大多数人又有多大可能被记住呢?

"遗产"一词的真正含义是将某物传承下去。传承你的知识、经验和见解就是传承遗产,每个人都能做到这一点。也许你不会被记住,但你的努力会伴随时间产生连锁反应。

很可能你养育的孩子会以你此刻难以想象的方式影响世界。

你留给后人的可能不是你自己的成就,而是你深思熟虑的育儿方式给你的孩子带来的成就。本书仅仅是个开始。

我们希望你喜欢这本书,我们也迫不及待地想知道它将带来的改变。